U1016037

城市轨道交通
列车司机技能评估

主　　编　彭章硕

副 主 编　李　铭　肖东阳　马在龙

参编人员　郭　琪　张　科　杨　翌

张　文　李大新　李振山

蒋文佳　刘文豪　卢筱杰

李　波　张　钊

湘潭大学出版社

XIANGTAN UNIVERSITY PRESS

图书在版编目（CIP）数据

城市轨道交通列车司机技能评估 / 彭章硕主编. --
湘潭 : 湘潭大学出版社, 2021.10
ISBN 978-7-5687-0674-2

Ⅰ. ①城… Ⅱ. ①彭… Ⅲ. ①城市铁路一轨道交通一
列车一驾驶员一技术评估 Ⅳ. ①U239.5

中国版本图书馆 CIP 数据核字（2021）第 250049 号

城市轨道交通列车司机技能评估

CHENGSHI GUIDAO JIAOTONG LIECHE SIJI JINENG PINGGU

彭章硕 主编

责任编辑：丁立松
封面设计：文海宏远
出版发行：湘潭大学出版社
社　　址：湖南省湘潭大学工程训练大楼
电　　话：0731-58298960 0731-58298966（传真）
邮　　编：411105
网　　址：http://press.xtu.edu.cn/
印　　刷：长沙创峰印务有限公司
经　　销：湖南省新华书店
开　　本：787 mm×1092 mm 1/16
印　　张：7.25
字　　数：179 千字
版　　次：2021 年 10 月第 1 版
印　　次：2021 年 10 月第 1 次印刷
书　　号：ISBN 978-7-5687-0674-2
定　　价：46.80 元

Foreword 前言

《城市轨道交通列车司机技能评估》是一本关于轨道列车司机参加技能评定、岗前培训的参考指南，轨道列车司机在城市轨道交通行业各专业岗位中安全责任重大，所需的理论知识、技能实操水平和应急处理能力要求高、覆盖面广，本书通过对轨道列车司机这一工种的全面分析，总结多年轨道列车司机培训和管理经验，系统全面地对轨道列车司机的鉴定标准以及相关知识技能进行了介绍。

通过对本书的学习，能使从事或者将要从事轨道列车司机的人员系统地了解轨道列车司机的岗位职责和相关鉴定标准，掌握相关理论知识、作业要求和实操技能，把握列车故障处理、救援和应急突发事件中的关键点。

编者

2021年9月

Contents 目录

第一章　轨道列车司机岗位标准

本章节主要介绍轨道列车司机的岗位标准，内容包括国家技能鉴定标准、岗位职责要求、职业道德、职业习惯及心理健康。

通过对本章节的学习，了解轨道列车司机岗位在安全制度、安全检查、安全培训和会议、风险辨识与管控、隐患排查与治理、人身安全、消防安全等方面的要求，了解国家技能鉴定相关标准，同时认清职业道德与职业操守，培养良好的心理素质，懂法守法，做好职业规划，拥有良好的职业素养，实现人生价值。

第一节　轨道列车司机技能鉴定标准

一、职业技能鉴定要求

1. 申报条件

（1）具备以下条件者，可申报五级 / 初级工：

在具备四级 / 中级工及以上职业资格列车司机的指导和监督下，累计安全驾驶里程不少于 5 000 km。

（2）具备以下条件者，可申报四级 / 中级工：

a. 取得本职业五级 / 初级工职业资格证书；

b. 累计从事本职业安全驾驶满 3 年；

c. 累计安全驾驶里程不少于 75 000 km

（3）具备以下条件者，可申报三级 / 高级工：

a. 取得本职业四级 / 中级工职业资格证书；

b. 累计从事本职业安全驾驶满 8 年；

c. 累计安全驾驶里程不少于 175 000 km。

（4）具备以下条件者，可申报二级 / 技师：

a. 取得本职业三级 / 高级工职业资格证书；

b. 累计从事本职业安全驾驶满 14 年；

c. 累计安全驾驶里程不少于 265 000 km。

（5）具备以下条件者，可申报一级 / 高级技师：

a. 取得本职业二级 / 技师职业资格证书；

b. 累计从事本职业安全驾驶满 20 年；

c. 累计安全驾驶里程不少于 325 000 km。

2. 鉴定方式

分为理论知识考试、技能考核以及综合评审的方式。

理论知识考试以笔试、机考等方式为主，主要考核从业人员从事本职业应掌握的基本要求和相关知识要求；技能考核主要采用现场操作、模拟操作等方式进行，主要考核从业人员从事本职业应具备的技能水平；综合评审主要针对技师和高级技师，采取审阅材料、答辩等方式进行全面评议和审查。

理论知识考试、技能考核和综合评审均实行百分制，成绩皆达 60 分（含）以上者为合格。

二、职业技能鉴定工作要求

本标准对城市轨道交通列车司机五级 / 初级工、四级 / 中级工、三级 / 高级工、二级 / 技师和一级 / 高级技师的技能要求依次递进，高级别涵盖低级别的要求。

1. 五级 / 初级工

城市轨道交通列车司机的五级 / 初级工技能要求见表 1–1。

表 1–1　城市轨道交通列车司机的五级 / 初级工技能要求

职业功能	工作内容	技能要求	相关知识要求
列车操纵	出、退勤作业	1. 能抄阅、理解行车指令 2. 能确认值乘列车的车次、车号、停放股道 3. 能按要求填写司机报单、事故报告等有关台账报表记录 4. 能按要求向有关人员介绍本次列车技术状况、运行情况、报单日志记录情况，办理专用物品及行车安全装备的交接 5. 能按规定办理出、退勤作业	1. 各类司机台账的填写规范 2. 司机行车专用物品、器材的功能及使用操作方法 3. 有关调度命令的内容和含义 4. 车辆基地运作知识 5. 车辆基地设备知识 6. 出、退勤的有关要求及流程 7. 对出入车辆的行车组织规则 8. 基地作业的规定

续表

职业功能	工作内容	技能要求	相关知识要求
列车操纵	列车整备作业	1. 能检查车钩、走行部、空气管路及阀门等列车外部设备 2. 能检查客室内车门、设备柜、电子柜、各类阀门等设备 3. 能检查司机室内设备柜、电子柜、驾驶台仪器仪表以及辅助设备 4. 能进行牵引、制动、车门、车载通信功能性试验	1. 列车出乘前准备流程 2. 客室设备知识及操作 3. 设备柜设备知识及操作 4. 辅助设备知识及操作 5. 司机室设备知识及操作 6. 车底、走行部设备知识及操作 7. 车载 ATC 设备知识及操作
	出入车辆基地作业	1. 能确认股道号、进路、出场信号、供电状态、止轮器状态 2. 能使用通信设备与相关岗位进行联控，并进行行车联控动车 3. 能按停车标志准确停车 4. 能识别车辆基地各类信号显示 5. 能完成洗车作业 6. 能驾驶列车出入车辆基地运行	1. 车辆基地线路、信号、供电基础知识 2. 通信设备操作知识 3. 车辆基地运作基础知识 4. 列车制动、缓解方法 5. 列车司机操作手册 6. 列车洗车作业程序和规定 7. 平稳操纵的相关规定和方法 8. 列车制动、缓解方法
	正线驾驶作业	1. 能完成各种驾驶模式的驾驶操作，能完成不同驾驶模式下的转换，并根据列车运行速度人工驾驶列车准确对标停车 2. 能在列车到站停稳后，按要求执行站台作业 3. 能在不同的线路状况和各种环境下平稳操纵列车 4. 能驾驶列车，完成站台和终点站折返作业 5. 能熟练操作列车广播系统 6. 能按规定执行自控、联控制度 7. 能按要求填写相关司机记录表单和台账	1. 行车组织规则 2. 正线 / 配线线路知识 3. 轨道、信号、供电、线路标志和信号标志牌知识 4. 线路限速要求 5. 列车司机操作手册 6. 时刻表的组成、关键要素和发车时刻的确认方法
列车故障处理	列车制动故障处理	1. 能判断、处理停放制动不缓解故障 2. 能判断、处理紧急制动不缓解故障 3. 能判断、处理列车总线故障	1. 司机室制动模块显示屏操控知识 2. 司机室气压表、指示灯显示意义和识别方法 3. 司机与行车调度、车站的联控用语 4. 司机室电器柜制动类旁路开关或空气开关的功能及操作方法 5. 客室制动类开关功能或气路阀门及操作方法 6. 列车停放制动不缓解故障处理程序 7. 列车紧急制动不缓解故障处理程序 8. 列车总线故障处理程序

续表

职业功能	工作内容	技能要求	相关知识要求
列车故障处理	列车车门故障处理	1. 能判断、处理列车司机室侧门故障 2. 能判断、处理列车客室车门故障 3. 能判断、处理列车逃生门故障	1. 司机室车门模块显示屏操控知识 2. 司机室指示灯显示意义和识别方法 3. 司机与行车调度、车站的联控用语 4. 司机室电器柜车门类旁路开关或空气开关的功能及操作方法 5. 客室车门类开关功能及操作方法 6. 列车司机室侧门故障处理程序 7. 列车客室车门故障处理程序 8. 列车逃生门故障处理程序
	列车牵引故障处理	1. 能判断、处理列车辅助逆变器故障 2. 能判断、处理列车牵引逆变器故障	1. 司机室牵引模块显示屏操控知识 2. 司机室电器柜牵引类旁路开关或空气开关的功能及操作方法 3. 客室牵引类开关功能及操作方法 4. 列车辅助逆变器故障处理程序 5. 列车牵引逆变器故障处理程序
	列车信号故障处理	1. 能判断、处理信号系统降级运营故障 2. 能判断、处理车载信号故障 3. 能判断、处理自动折返失败故障	1. 司机室信号模块显示屏操控知识 2. 司机室电器柜信号类旁路开关或空气开关的功能及操作方法 3. 客室信号类开关功能及操作方法 4. 列车信号系统降级运营故障处理程序 5. 列车车载信号故障处理程序 6. 列车自动折返失败故障处理程序
	列车受电弓、受流器故障处理	1. 能判断、处理受电弓故障 2. 能判断、处理受流器故障	1. 列车受电弓故障处理程序 2. 列车受流器故障处理程序
	列车辅助系统故障处理	1. 能判断、处理列车空气压缩机故障 2. 能判断、处理列车空调故障	1. 列车辅助系统（空气压缩机）故障处理程序 2. 列车辅助系统（空调）故障处理程序
	站台门故障处理	1. 能判断站台门机械故障 2. 能判断、处理站台门信号故障	1. 站台门机械故障处理程序 2. 站台门信号故障处理程序
非正常行车及突发事件应急处置	非正常情况行车	1. 能在非正常情况下驾驶列车推进运行、退行、反向运行 2. 能在非正常情况下采用电话闭塞法驾驶列车运行 3. 能在非正常情况下采用调车方式折返驾驶列车运行 4. 能在非正常情况下驾驶列车进行小交路运行 5. 能在非正常情况下驾驶列车进行单线双向运行	1. 行车组织规则 2. 列车推进运行、退行、反向运行驾驶规定 3. 自动闭塞知识 4. 小交路行车组织方式与流程 5. 列车运行图知识

续表

职业功能	工作内容	技能要求	相关知识要求
非正常行车及突发事件应急处置	突发事件处理	1. 能按应急处置程序处理乘客求助事件 2. 能按应急处置程序处理乘客解锁车门事件 3. 能按应急处置程序处理乘客擅自进入轨行区事件 4. 能按应急处置程序处理列车夹人夹物事件 5. 能按应急处置程序处理站台门与车门间滞留乘客事件 6. 能按应急处置程序处理列车、站台、区间发生火灾事件 7. 能按应急处置程序处理列车 / 车站毒气事件 8. 能按应急处置程序处理列车 / 车站可疑物品 9. 能按应急处置程序处理列车 / 车站劫持人质事件 10. 能按应急处置程序处理接触网（轨）停电 11. 能按应急处置程序处理接触网（轨）异物 12. 能按应急处置程序处理区间疏散 13. 能按应急处置程序处理线路积水 14. 能按应急处置程序处理列车挤岔 15. 能按应急处置程序处理列车脱轨 16. 能按应急处置程序处理恶劣天气突发事件	1. 乘客求助突发事件处理方法 2. 乘客解锁车门突发事件处理方法 3. 乘客擅自进入轨行区突发事件处理方法 4. 列车夹人夹物处理方法 5. 站台门与车门间滞留乘客突发事件处理方法 6. 列车、站台、区间发生火灾突发事件处理方法 7. 列车 / 车站毒气突发事件处理流程 8. 列车 / 车站发现可疑物品突发事件处理流程 9 列车 / 车站发生劫持人质突发事件处理流程 10. 接触网（轨）停电突发事件处理流程 11. 接触网（轨）异物突发事件处理流程 12. 区间疏散突发事件处理流程 13. 线路积水突发事件处理流程 14. 列车挤岔突发事件处理流程 15. 列车脱轨突发事件处理流程 16. 各类恶劣天气突发事件处理流程
列车救援	故障车救援准备	1. 能进行救援前各项准备工作 2. 能指挥救援列车进行连挂并确认连挂状态 3. 能进行清客等客流组织工作 4. 能指挥救援列车完成救援任务	1. 行车组织规则救援程序 2. 列车救援故障车作业流程 3. 列车连挂作业流程 4. 车钩工作原理 5. 车钩的操作方法 6. 清客作业的原则、流程
	救援列车开行	1. 能按行调命令执行救援列车任务 2. 能进行清客等客流组织工作 3. 能按规定行车速度行驶至指定位置 4. 能按规定进行与故障车连挂的工作 5. 能确认列车连挂状态及进行试拉 6. 能在列车连挂后按要求驾驶 7. 列车完成救援任务	1. 司机与调度联系方法 2. 牵引、推进运行规定 3. 救援连挂的工作流程 4. 手信号与音响信号的显示

2. 四级 / 中级工

城市轨道交通列车司机四级 / 中级工技能要求见表 1–2。

表 1–2　城市轨道交通列车司机四级 / 中级工技能要求

职业功能	工作内容	技能要求	相关知识要求
列车操纵	调车作业	1. 能确认调车信号机指示灯，正确驾驶列车运行 2. 能确认道岔开通位置和线路标志牌，正确驾驶列车到指定位置 3. 能与信号楼进行相关行车用语联控作业，确保按调车指令动车 4. 能执行调车作业并确保调车任务安全有序进行	1. 行车组织规则 2. 调车作业流程 3. 调车单各项内容代表意义及注意事项 4. 车辆基地线路图知识、供电闸刀开关控制区域、股道、道岔基本情况及线路限速要求 5. 车辆基地线路标志牌的意义及要求
	列车调试作业	1. 能进行列车调试前的准备工作 2. 能驾驶信号正常情况下的列车在正线进行调试作业 3. 能驾驶信号正常情况下的列车在车辆基地进行调试作业	1. 行车组织规则 2. 调试列车整备作业流程 3. 调试管理规定及安全防范措施 4. 各项制动试验的操作流程及技巧 5. 各类调试方案的解读 6. 与行车调度、调试负责人的联控用语
列车故障处理	列车制动故障处理	1. 能判断、处理常见制动不缓解故障 2. 能识别常见制动不缓解故障主要风险点	1. 列车常见制动不缓解故障处理程序 2. 列车常见制动不缓解故障主要风险点
	列车车门故障处理	1. 能判断、处理常见车门故障 2. 能识别常见车门故障主要风险点	1. 列车车门故障处理程序 2. 列车常见车门故障主要风险点
	列车牵引故障处理	1. 能判断、处理常见牵引故障 2. 能识别常见牵引故障主要风险点	1. 常见牵引故障处理程序 2. 常见牵引故障主要风险点
	列车信号故障处理	1. 能判断、处理常见信号系统故障 2. 能识别常见信号故障主要风险点	1. 常见信号故障处理程序 2. 常见信号故障主要风险点
	列车受电弓、受流器故障处理	1. 能判断、处理常见受电弓、受流器故障 2. 能识别常见受电弓、受流器 3. 故障主要风险点	1. 列车受电弓故障处理程序 2. 列车受流器故障处理程序 3. 常见受电弓、受流器故障主要风险点
	列车辅助系统故障处理	1. 能判断、处理常见辅助系统故障 2. 能识别常见辅助系统故障主要风险点	1. 列车辅助系统故障处理程序 2. 常见辅助系统故障主要风险点
	站台门故障处理	1. 能判断常见站台门故障 2. 能识别站台门常见故障主要风险点	1. 站台门常见故障处理程序 2. 站台门常见故障风险点
非正常行车及突发事件应急处置	非正常情况行车	1. 能在非正常情况下驾驶列车推进运行、退行、反向运行，并识别其风险点 2. 能在非正常情况下采用电话闭塞法驾驶列车运行，并识别其风险点 3. 能在非正常情况下采用调车方式折返驾驶列车运行，并识别其风险点 4. 能在非正常情况下驾驶列车进行小交路运行，并识别其风险点 5. 能在非正常情况下驾驶列车进行单线双向运行，并识别其风险点	1. 电话闭塞法流程及风险点 2. 调车方式折返流程及风险点 3. 小交路行车组织方式、流程及风险点 4. 列车反方向运行驾驶规定及风险点

续表

职业功能	工作内容	技能要求	相关知识要求
非正常行车及突发事件应急处置	突发事件处理	1. 能按应急处置程序处理乘客求助事件，并能识别其风险点 2. 能按应急处置程序处理乘客解锁车门事件，并能识别其风险点 3. 能按应急处置程序处理乘客擅自进入轨行区事件，并能识别其风险点 4. 能按应急处置程序处理列车夹人夹物事件，并能识别其风险点 5. 能按应急处置程序处理站台门与车门间滞留乘客事件，并能识别其风险点 6. 能按应急处置程序处理列车、站台、区间发生火灾事件，并能识别其风险点 7. 能按应急处置程序处理列车 / 车站毒气事件，并能识别其风险点 8. 能按应急处置程序处理列车 / 车站发现可疑物品事件，并能识别其风险点 9. 能按应急处置程序处理列车 / 车站发生劫持人质事件，并能识别其风险点 10. 能按应急处置程序处理接触网（轨）停电，并能识别其风险点 11. 能按应急处置程序处理接触网（轨）异物，并能识别其风险点 12. 能按应急处置程序处理区间疏散，并能识别其风险点 13. 能按应急处置程序处理线路积水，并能识别其风险点 14. 能按应急处置程序处理列车挤岔，并能识别其风险点 15. 能按应急处置程序处理列车脱轨，并能识别其风险点 16. 能按应急处置程序处理恶劣天气事件，并能识别其风险点	1. 乘客求助突发事件处理方法及风险点 2. 乘客解锁车门突发事件处理方法及风险点 3. 乘客擅自进入轨行区突发事件处理方法及风险点 4. 列车夹人夹物处理方法及风险点 5. 站台门与车门间滞留乘客突发事件处理方法及风险点 6. 列车、站台、区间发生火灾突发事件处理方法及风险点 7. 列车 / 车站毒气突发事件处理方法及风险点 8. 列车 / 车站发现可疑物品突发事件处理方法及风险点 9. 列车 / 车站发生劫持人质突发事件处理方法及风险点 10. 接触网（轨）停电突发事件处理方法及风险点 11. 接触网（轨）异物突发事件处理方法及风险点 12. 区间疏散突发事件处理方法及风险点 13. 线路积水突发事件处理方法及风险点 14. 列车挤岔突发事件处理方法及风险点 15. 列车脱轨突发事件处理方法及风险点 16. 各类恶劣天气突发事件处理方法及风险点
列车救援	故障车救援准备	1. 能指挥救援列车进行连挂并确认连挂状态，并能识别其风险点 2. 能进行清客等客流组织工作，并能识别其风险点 3. 能指挥救援列车完成救援任务，并能识别其风险点	1. 列车救援故障车作业流程及风险点 2. 列车连挂作业流程及风险点 3. 清客作业的原则、流程及风险点

续表

职业功能	工作内容	技能要求	相关知识要求
列车救援	救援列车开行	1. 能进行清客等客流组织工作，并能识别其风险点 2. 能按规定行车速度行驶至指定位置，并能识别其风险点 3. 能按规定进行与故障车连挂的工作，并能识别其风险点 4. 能确认列车连挂状态及进行试拉，并能识别其风险点 5. 能在列车连挂后按要求驾驶列车完成救援任务，并能识别其风险点	1. 牵引、推进运行、退行的风险控制措施 2. 救援连挂的风险控制措施

3. 三级 / 高级工

城市轨道交通列车司机三级 / 高级工技能要求见表 1–3。

表 1–3 城市轨道交通列车司机三级 / 高级工技能要求

职业功能	工作内容	技能要求	相关知识要求
列车操纵	调车作业	1. 能驾驶列车在车辆基地内进行各种转线调车作业 2. 能配合进行工程车调动客车作业	1. 车辆基地运作对调车的要求 2. 车辆基地线路、相关标志意义及要求 3. 调车作业流程 4. 调车单各项内容代表意义及注意事项 5. 车辆基地线路图知识、供电闸刀开关控制区域、股道、道岔基本情况及线路限速要求 6. 调动客车的作业要求及注意事项 7. 连挂客车的作业流程及安全风险点 8. 调动客车引导员与后端驾驶司机联控
	列车跨线作业	1. 能根据跨线路列车的计划，配合计划的实施，保障跨线路列车安全有序地到达目的地 2. 能够识别列车跨线作业的安全关键点	1. 相关线路知识 2. 跨线计划知识 3. 跨线作业流程 4. 跨线作业安全关键点及安全防范措施
	列车调试作业	1. 能驾驶列车在车辆基地进行调试作业 2. 能驾驶列车在正线进行调试作业 3. 能添乘指导调试列车，确保列车安全行驶	1. 行车组织规则 2. 单元车的启动方法 3. 切除部分牵引或制动的操作和驾驶方法 4. 调试列车整备作业流程 5. 调试管理规定及安全防范措施 6. 各项制动试验的操作流程及技巧 7. 各类调试方案的解读 8. 与行车调度、调试负责人的联控用语

续表

职业功能	工作内容	技能要求	相关知识要求
列车故障处理	制动故障处理	1. 能判断、处理各类停放制动不缓解故障，并能识别故障风险点 2. 能判断、处理各类紧急制动不缓解故障，并能识别故障风险点 3. 能判断、处理各类列车总线故障，并能识别故障风险点	1. 列车停放制动不缓解故障处理程序及风险点 2. 列车紧急制动不缓解故障处理程序及风险点 3. 列车总线故障处理程序及风险点
	列车车门故障处理	1. 能判断、处理各类列车司机室侧门故障，并能识别故障风险点 2. 能判断、处理各类列车客室车门故障，并能识别故障风险点 3. 能判断、处理各类列车逃生门故障，并能识别故障风险点	1. 列车司机室侧门故障处理程序及风险点 2. 列车客室车门故障处理程序及风险点 3. 列车逃生门故障处理程序及风险点
	列车牵引故障处理	1. 能判断、处理各类列车辅助逆变器故障，并能识别故障风险点 2. 能判断、处理各类列车牵引逆变器故障，并能识别故障风险点	1. 列车辅助逆变器故障处理程序及风险点 2. 列车牵引逆变器故障处理程序及风险点
	列车信号故障处理	1. 能判断、处理各类信号系统降级运营故障，并能识别故障风险点 2. 能判断、处理各类车载信号故障，并能识别故障风险点 3. 能判断、处理各类自动折返失败故障，并能识别故障风险点	1. 列车信号系统降级运营故障处理程序及风险点 2. 列车车载信号故障处理程序及风险点 3. 列车自动折返失败故障处理程序及风险点
	列车受电弓、受流器故障处理	1. 能判断、处理各类受电弓故障，并能识别故障风险点 2. 能判断、处理各类受流器故障，并能识别故障风险点	1. 列车受电弓故障处理程序及风险点 2. 列车受流器故障处理程序及风险点
	列车辅助系统故障处理	1. 能判断、处理各类列车空气压缩机故障，并能识别故障风险点 2. 能判断、处理各类列车空调故障，并能识别故障风险点	1. 列车辅助系统（空气压缩机）故障处理程序及风险点 2. 列车辅助系统（空调）故障处理程序及风险点
	站台门故障处理	1. 能判断各类站台门机械故障，并能识别故障风险点 2. 能判断、处理各类站台门信号故障，并能识别故障风险点	1. 站台门机械故障判断方法、处理程序及风险点 2. 站台门信号故障处理程序及风险点
非正常行车及突发事件应急处置	非正常情况行车	1. 能在各类非正常情况下驾驶列车运行 2. 能识别、分析各类非正常情况下列车运行风险	1. 非正常情况下行车组织规则 2. 非正常情况下列车驾驶规定及风险点
	突发事件处理	1. 能按应急处置程序处理各类突发事件 2. 能识别、分析各类突发事件列车运行风险	1. 各类突发事件下列车应急处置程序 2. 各类突发事件下列车运行风险

4. 二级 / 技师

城市轨道交通列车司机二级 / 技师技能要求见表 1–4。

表 1–4 城市轨道交通列车司机二级 / 技师技能要求

职业功能	工作内容	技能要求	相关知识要求
列车操纵	新车调试作业	1. 能安全驾驶新车进行调试作业 2. 能根据新车特点制定司机作业流程	1. 行车组织规则 2. 调试管理规定 3. 调试作业流程 4. 新车调试的注意事项 5. 列车司机操作手册
	改造后列车调试作业	1. 能安全驾驶设备改造后的列车进行调试作业 2. 能根据设备改造后的影响制定应对措施或优化司机作业流程	1. 行车组织规则 2. 调试管理规定 3. 调试作业流程 4. 设备改造列车运行的注意事项 5. 列车司机操作手册
列车故障处理	列车机械故障判断与分析	1. 能判断列车各类机械故障 2. 能分析列车各类机械故障发生的原因	1. 列车各类机械故障判断分析方法 2. 列车各类机械故障原理
	列车电气故障处理与分析	1. 能判断、处理列车各类电气故障 2. 能分析列车各类电气故障发生的原因	1. 列车各类电气故障处理方法 2. 列车各类电气故障原理
	列车气路故障处理与分析	1. 能判断、处理列车各类气路故障 2. 能分析列车各类气路故障发生的原因	1. 列车各类气路故障处理方法 2. 列车各类气路故障原理
非正常行车及突发事件应急处置	非正常情况下行车防范措施制定	1. 能制定各类非正常情况下列车运行的应急处置程序 2. 能组织司机开展各类非正常情况下列车运行的演练实施	1. 各类非正常情况下列车运行的演练组织形式与方法 2. 各类非正常情况下列车运行行车组织流程及应急处置措施
	突发事件处理防范措施制定	1. 能制定各类突发事件的应急处置程序 2. 能组织司机开展各类突发事件的演练实施	1. 各类突发事件演练组织形式与方法 2. 各类突发事件的应急处理流程及措施
技术管理与培训	技术管理	1. 能组织管理司机出、退勤作业 2. 能根据各类演练实施情况编制技术分析报告 3. 能根据列车运行图编制乘务交路表 4. 能撰写技术总结	1. 乘务派班管理规定 2. 技术分析报告编制方法 3. 列车运行图知识 4. 乘务交路表知识 5. 技术总结方法
	培训指导	1. 能制定列车司机培训计划、并组织实施与总结评估 2. 能编写培训教材、开发培训课件 3. 能对初、中、高级司机进行系统授课培训 4. 能对值乘列车司机进行现场安全检查和作业指导	1. 培训教学的基本方法 2. 课程开发的方法 3. 授课技巧 4. 培训计划编制方法

5. 一级 / 高级技师

城市轨道交通列车司机一级 / 高级技师技能要求见表 1–5。

表 1–5　城市轨道交通列车司机一级 / 高级技师技能要求

职业功能	工作内容	技能要求	相关知识要求
列车故障处理	列车疑难故障分析	1. 能配合查找列车疑难故障 2. 能协助分析列车疑难故障	1. 列车疑难故障的判断处理方法 2. 列车电路控制原理 3. 列车构造理论知识
	列车疑难故障追踪	1. 能协助编制列车疑难故障解决方案 2. 能根据解决方案协助提出修程修制建议	1. 列车疑难故障问题分析与解决方法 2. 列车检修制度流程的编制
非正常行车及突发事件应急处置	非正常情况下列车运行应急处置规范编制	1. 能优化各类非正常行车情况下处置流程 2. 能编写各类非正常行车情况下处置流程规范	1. 非正常行车情况下问题分析与解决方法 2. 非正常行车情况下处置流程的编制
	突发事件应急处置规范的编制	1. 能优化各类突发事件处置流程 2. 能编写各类突发事件处置流程规范	1. 突发事件问题分析与解决方法 2. 突发事件处置流程的编制
技术管理与培训	技术管理	1. 能根据运营模式优化及编制乘务各类管理规章 2. 能编制各类乘务运作演练方案 3. 能对发生的故障及应急事件处理过程进行技术分析并编制报告 4. 能撰写技术论文	1. 乘务各类规章制度 2. 新制度编制流程与方法 3. 技术分析的方法 4. 技术论文写作方法
	培训指导	1. 能对技师及以下人员进行培训和技术指导 2. 能够对列车核心设备、信号系统构造进行画图及讲解 3. 能对外开展各类乘务技术培训 4. 能对技师开展各类乘务技术工作进行指导 5. 能对乘务培训师日常培训工作进行技术指导	1. 乘务各类管理工作的流程 2. 车辆设备结构与原理 3. 课程开发的方法 4. 授课技巧

三、职业技能鉴定权重表

1. 理论知识权重表（见表 1–6）

表 1–6　理论知识权重表

项目		技能等级				
		初级	中级	高级	技师	高级技师
基本要求	职业道德 /%	5	5	5	5	5
	基础知识 /%	15	10	10	5	5
相关知识	列车操纵 /%	35	30	25	20	—
	列车故障处理 /%	20	30	30	25	25
	非正常行车及突发事件应急处置 /%	20	20	30	20	20
	列车救援 /%	5	5	—	—	—
	技术管理与培训 /%	—	—	—	25	45
合计		100	100	100	100	100

2. 技能要求权重表（见表 1-7）

表 1-7　技能要求权重表

项目		技能等级				
		初级	中级	高级	技师	高级技师
相关知识	列车操纵 /%	40	30	20	20	—
	列车故障处理 /%	30	30	40	40	40
	非正常行车及突发事件应急处置 /%	20	30	40	20	20
	列车救援 /%	10	10	—	—	—
	技术管理与培训 /%	—	—	—	20	40
合计		100	100	100	100	100

第二节　轨道列车司机岗位要求

一、安全制度

（1）严格遵守公司安全生产规章制度、劳动纪律和作业纪律，积极参加安全生产各项活动。

（2）认真履行司机岗位职责，对本岗位的安全生产负直接责任。

（3）负责按《运营时刻表》的要求驾驶电客车，严格执行各项规章制度，确保电客车安全、准点、舒适、快捷地投入服务，保证运营期间行车和人身安全。

（4）司机在正线听从行调统一指挥，在车场听从运用调度统一指挥。

（5）负责正线电客车的运用和车场调车、调试作业的安全。

（6）加强自身业务学习，提高应急处理能力，发生突发事件时，冷静、果断、及时地处理，尽快恢复列车运营。

（7）严格执行标准化作业，监督本机班司机按章作业，确保行车安全。

（8）值乘司机遇身体不适，应及时报告电客车队长及指导司机，请求协助，避免影响行车安全。发生交通混乱时，要有高尚的职业道德，确保“有车必有人”，服从车队管理的安排，确保工作顺利完成。

（9）正线及车场备用机班，根据行调 / 运调指示，随时做好开行备用车的准备。

二、安全检查

（1）当班期间，加强对列车、线路状态及线路设备等安全检查。

（2）严格遵守列车整备作业流程，落实列车各项内容检查，发现异常及时汇报检调。

（3）负责确认行车凭证，瞭望前方线路，发现危及行车或人身安全时，立即采取紧急措施。

（4）发现安全隐患或者其他不安全因素，应当立即向车队管理人员及行调 / 运调汇报。

三、安全培训和会议

（1）参加入职“三级”安全教育培训、年度安全复训以及消防安全理论和实操等培训，确保考试合格。

（2）电客车司机每月参加车队安全例会不少于 1 次。

（3）学习公司、部门及车间月度安全会议纪要、领悟会议精神、落实会议要求，配合车队管理制定下月重点工作计划方案、关键风险控制措施及人身安全管理措施等。

四、风险辨识与管控

（1）负责电客车司机职责范围的危险源辨识、分析及风险评价。

（2）负责对需要采取控制措施的危险源制定控制措施，并予以落实。

（3）负责对在检查及审核过程中发现的不符合项进行纠正和提出整改措施，并实施整改。

五、隐患排查与整治

（1）对电客车车队存在安全隐患所属的分管系统、设备、场所、人员等进行隐患排查，分析存在的突出问题，动态排查存在的安全风险隐患，并针对性地制定整治措施或控制措施，整治或防控到位。

（2）当班期间有计划、有针对性地对安全风险作业、风险环节、风险时段和风险人员的控制情况进行检查，留存记录。

六、人身安全卡控

（1）在作业过程中，必须正确佩戴和使用劳动防护用品，应当严格遵守公司的安全生产规章制度和操作规程，服从管理。

（2）应当接受安全生产教育和培训，掌握本职工作所需的安全生产知识，提高安全生产技能，增强事故事件预防和应急处理能力。

（3）进出司机室注意站台与司机室侧门之间的间隙，谨防摔伤。

（4）在正线或辅助线，禁止未经行调同意擅自进入线路。

（5）进出折返线或存车线时，司机必须报告行调，得到行调同意后，穿好荧光衣，方能进出折返线或存车线。

（6）列车在区间因故需要清客时，司机必须做好防溜措施，等待站务人员到来后协助清客。

（7）严禁擅自带无关人员进入司机室，因工作需要登乘司机室时，必须确认其登乘证及工作证，司机室内不超过 4 人（含司机在内）。

（8）在车场内有地沟的股道动车出库前，必须确认地沟无人后方可动车。

（9）上下司机室时使用登车梯 / 脚蹬，严禁飞乘、飞降。

（10）正线或试车线调试时，所有人员只能通过驾驶端司机室上下车。正线调试因作业需要进入轨行区时，司机必须确认上、下车人数。

七、消防安全管理

（1）严格执行消防安全制度和操作规程，保护消防设施完好。

（2）参加消防安全培训及灭火和应急疏散演练。

（3）熟知本岗位火灾危险性和消防常识。

（4）发生火灾时及时报警、参加灭火，必要时配合火灾事故调查。

八、故障处理与应急响应

（1）发生影响运营的事件　必须第一时间赶赴现场协助处理，并对现场故障现象及其处理步骤进行证据采集，在车间支援人员及其上级领导到来前，区域包保人为现场负责人。

（2）车辆段、正线发生突发事件和车辆设备等故障时，立即按相关应急处理程序进行汇报。

九、应急演练

（1）新员工上岗前、转岗人员均应接收电客车司机岗位应急预案培训，考试合格后方可上岗。

（2）协助车队制定并完善车间级应急预案、现场处置方案和其他突发事件预案。

（3）按计划参加车队级、车间级演练。协助制定年度车队级演练计划，演练内容须涵盖车队管辖所有专业、设备及可能涉及的突发事件。参与演练评估，对演练过程中存在的问题，及时进行整改。

（4）积极参加各种安全活动、岗位技术练兵和事故预案演练。

十、应急物资

（1）当班期间，务必确保各项行车备品齐全，司机行车备品或列车应急物品缺失时，要及时报备补齐。

十一、问题整改

（1）协助电客车车队开展专项整治活动，制定计划，限时整改，实现整治效果。

（2）协助车队对电客车车队相关的安全整改通知单、安全通报等进行整改，全部落实闭环管理。

十二、施工（调试）作业管控

（1）电客车动车前、进出站、进出库门、进出隧道口、遇弯道、鸣笛标、进入施工区域前及有人在线路附近时，要鸣笛示警瞭望。

（2）严格按信号显示要求动车，认真执行“没有信号不准动车，信号不清立即停车”的规定，在运行中，注意观察货物、装载情况，如发现有窜动、移位或偏载等异常现象时，应立即停车处理。

（3）电客车在封锁的线路运行时，电客车司机及添乘人员必须认真确认“封锁命令、进路、道岔”，控制好速度，发现异常及时采取紧急停车措施。在封锁线路作业时，添乘人员凭封锁命令及施工负责人指令指挥电客车司机动车。动车前电客车司机或添乘人员需向行调或车辆段信号楼值班员确认运行进路开通情况。在正线封锁区间内需要转线时，施工负责人应向行调提出申请。

十三、新线介入安全管理

（1）参加新线介入安全培训，进入施工现场必须佩戴个人防护用品。

（2）根据新线安全风险及新线影响既有线安全风险，学习新线介入安全管理办法，做好新线工程介入安全防护措施。

第三节　职业道德和职业习惯

一、职业道德

职业道德是指从事一定职业的人在职业生活中必须遵循的具有职业特征的行为模式和道德要求。它是社会的一般道德要求在职业生活中的具体体现。职业道德是各种基本要素的有机结合，一般来说，职业道德的构成要素主要包括五个方面。

（1）责任心：责任心包括从事职业工作应该具备的态度、敬业精神、事业心等，是职业道德的重要内容。

（2）职业良心：职业良心是从业者在履行职业义务的过程中所产生的强烈的责任感和自我行为评价时的深刻心理体验，职业良心感是职业道德发挥作用的重要途径。

（3）业务能力：业务能力是从业人员做好本职工作的基础，反映从业人员服务人民、造福社会的能力，体现了职业道德的意义。

（4）纪律观念：职业纪律是做好职业工作的保证。

（5）理想信念：职业理想一般是指职业的奋斗目标，职业信念是实现奋斗目标过程中所拥有的坚定态度。

二、职业习惯

轨道列车司机应该自觉养成遵纪守时、尊重他人、持续学习、勇于承担责任的职业习惯。

（1）遵纪守时。轨道列车司机必须做到遵纪守时、爱岗敬业、忠于职守、克己奉公。员工多一分用心，乘客安全就多一分保障。

（2）尊重他人。承恩施善、德贯全程、敢担大任、回馈社会是城市轨道交通企业的服务宗旨，尊重每一位乘客，关爱每一个生命，帮助每一位乘客，是轨道列车司机服务社会的基本职责。

（3）持续学习。21世纪是知识经济的时代，国际化竞争已经表现为学习能力和创新能力的竞争，企业唯一持久的竞争优势就是必须努力提升企业员工的学习能力和创新能力。

（4）勇于承担责任。不论昼夜，每当交通阻塞，轨道列车司机都应承担起保障城市交通畅通的社会责任。

第四节　心理健康

心理素质是人整体素质的组成部分，是在先天素质的基础上，经过后天环境与教育的影响而逐步形成的。心理素质对人的工作能力有较大的影响，心理素质好，其工作能力强、工作效率高。心理素质包括很多方面，一名优秀的轨道列车司机应加强抗压、快速反应及危机处理能力的培养。

一、抗压能力

抗压能力又称心理承受能力，指的是个体对逆境引起的心理压力和负面情绪的承受与调节的能力，主要是指对逆境的适应力、容忍力、耐力、战胜力的强弱。抗压能力是个体良好的心理素质的重要组成部分。

二、快速反应能力

轨道列车司机在行车过程中常常会遇到一些突发事件，需快速反应，准确判断，果断采取措施。快速反应能力的提升应从平时训练入手。（1）要努力加强技能训练，提高业务水平，积累工作经验。（2）要勤于思考、善于分析、果断判断。（3）要加强身体素质训练。

三、危机处理能力

处理危机事件时，必须按照一定的原则妥善处理，以赢得公众的信任和谅解，尽快恢复企业的信誉和形象。危机处理应当遵循以下原则：（1）积极主动原则，（2）及时真实原则，（3）冷静客观原则，（4）灵活处置原则。

第二章　轨道列车司机应知应会

第一节　安全知识

本节主要介绍轨道列车司机安全类通用知识，包括安全风险的分类及影响、安全色和对比色的种类和用途、常用安全标志的作用，以及用火、救火安全常识和消防器材设备的使用。

通过对本节的学习，了解和掌握轨道列车司机岗位可能存在的安全风险，认识安全色和安全标志运用在工作中所包含的意义和作用，掌握一定的消防知识，最终形成轨道列车司机所需的安全意识和行为约束。

一、轨道列车司机安全风险描述

1. 行车组织类

（1）风险描述：

① 司机未确认信号机、道岔或进路动车；

② 司机错开非站台侧车门可能导致乘客跌轨；

③ 司机驾驶列车超速运行；

④ 司机疲劳驾驶、酒后驾驶，瞭望不彻底；

⑤ 司机未确认站台门和车门间隙安全盲目动车；

⑥ 列车、中央或轨旁信号设备故障时，采用人工闭塞法行车；

⑦ 全部车门未关好动车可能导致乘客跌轨；

⑧ 未准备好进路或错误排列进路接发列车、向占用区段盲目发车；

⑨ 正线瞭望光带不亮导致司机无法确认空隙安全；

⑩ 调度命令交接、执行错误可能导致行车事故；

⑪ 作业完毕后，人员、设备、工器具、材料出清不彻底，设备、设施、异物侵限。

（2）可能导致后果：列车脱轨、颠覆，导致设备损害、人员伤亡、其他伤害。

2. 运行环境类

（1）风险描述：

① 列车突发恐怖袭击；

② 车辆段、停车场、列车发生火灾；

③ 主变电所 / 市供电系统停电导致主变电所无电；

④ 雨水倒灌，防寒防冻；

⑤ 自然灾害，风暴、洪涝、雨雪冰、雷击、雾霾等气象灾害。

（2）可能导致后果：列车降级运行时，存在列车冲突、脱轨、挤岔等风险。

3. 设备运行维修类

（1）风险描述：

① 由于设备质量缺陷、检修紧固不到位等原因，在列车运行过程中，发生较大零部件脱落侵入限界；

② 道岔故障，联锁故障，计轴故障，列车救援，列车无法以 CBTC 级别运行；

③ 车辆关键设施设备系统软件升级未严格按照系统升级要求执行，造成设施设备系统软件升级失败、升级错误系统、升级后系统存在安全隐患；

④ 列车运行过程中，发生道岔故障、异物卡滞等，导致挤岔；

⑤ 电客车、工程车轮轴固死导致燃轴、切轴；

⑥ 地面油渍、积水造成人员滑倒。

（2）可能导致后果：造成列车脱轨、颠覆，导致设备损坏、人员伤亡，其他伤害。

二、安全色和对比色的种类与用途

1.GB 2893—2001《安全色》规定安全色有红色、蓝色、黄色、绿色四种。其含义和用途见表 2–1。

表 2–1　安全色和对比色的种类与用途

颜色	含义	用途举例
红色	禁止	禁止标志：如城市轨道交通列车受电弓的支架带电部分涂红色，表示高压危险，禁止触摸
	停止	停止信号：机器、车辆上的紧急停止按钮或手柄，以及禁止人们触动的部分
	消防	表示防火、灭火器
蓝色	指令必须遵守的规定	指令标志：如必须佩戴个人防护用具，道路上指引车辆和行人行驶方向的指令
黄色	警告	警告标志 警戒标志：如场内危险机器和坑沟周边的警戒线，行车道中线，安全帽，城市轨道交通站台安全线
绿色	提示安全状态 通过 允许工作	提示标志 车间内的安全通道 车辆和行人通过标志 消防设备和其他安全防护设备的位置 “在此工作”标志牌

注：①蓝色只有与几何图形同时使用时才表示指令。

②道路上的提示标志采用蓝色，不采用绿色，以免与道路两旁的绿色树木混淆。

2. 对比色规定为黑、白两种颜色。黑色用于安全标志的文字、图形符号和警告标志的几何边框。白色既可用于安全标志红色、蓝色、绿色的背景色，也可用于文字和图形符号。安全色和对比色见表 2–2。

表 2–2　安全色和对比色

安全色	对比色
红色	白色
蓝色	白色
黄色	黑色
绿色	白色

注：黑色与白色互为对比。

三、安全标志

1. 安全标志的定义

安全标志由安全色、几何图形、图形符号或文字所构成，用以表达特定的安全信息。

辅助标志是安全标志的文字说明或补充。辅助标志必须与安全标志同时使用在一个矩形载体上，称为组合标志。在同一矩形载体上，含有两个或两个以上安全标志并且有相应辅助标志的标志，称为多重标志。

2. 安全标志的作用

安全标志的作用是引起人们对不安全因素的注意，以达到预防事故发生的目的，但不能代替安全操作规程和安全防护措施。

3. 安全标志的类型

根据 GB 2894—1996《安全标志》的规定，安全标志分为禁止标志、警告标志、指令标志和提示标志。这四类标志用四个不同的几何图形来表示。

（1）禁止标志。禁止标志是禁止人们不安全行为的图形标志。禁止标志的几何图形是带斜杠的圆环，图形符号为黑色，几何图形为红色，背景色为白色。如图 2–1 所示。

图 2–1　禁止标志

（2）警告标志。警告标志是提醒人们注意周围环境，避免可能发生的危险图形标志。警告标志的几何图形是正三角形边框，图形符号、几何图形为黑色，背景色、衬边为黄色。如图 2–2 所示。

图 2-2　警告标志

（3）指令标志。指令标志是告诉人们必须遵守"指令标志"规定的图形标志。指令标志的几何图形大多是圆形边框，图形符号、衬边为白色，背景色为蓝色。如图 2-3 所示。

图 2-3　指令标志

（4）提示标志。提示标志是向人们提示某种信息（如标明安全设施或场所等）的图形标志。提示标志的几何图形是矩形，图形符号、衬边是白色，背景色是绿色。如图 2-4 所示。

图 2-4　提示标志

四、消防安全

1. 轨道列车司机的消防安全职责

（1）掌握列车火灾应急预案和应急处理办法。

（2）出车前检查列车的消防设施和报警通信设施功能，发现故障及时报告相关维修部门。

（3）发生火灾时，用标准用语进行广播宣传和疏散引导，稳定乘客情绪，引导乘客使用车内灭火器灭火和进行疏散引导。

（4）将列车着火情况及时报告 OCC。

2. 灭火的基本方法

（1）冷却灭火法。就是将灭火剂直接喷洒在可燃物上，使可燃物的温度降低到燃点以下，从而使燃烧停止。用水扑救火灾的主要作用就是冷却灭火。

（2）窒息灭火法。就是采取措施，阻止空气进入燃烧区，或用惰性气体降低空气中的含氧量，使燃烧物质因缺少氧气而熄灭。如用湿棉被、湿麻袋覆盖在燃烧着的液化石油气瓶上。

（3）隔离灭火法。就是将附近的可燃物质与正在燃烧的物质隔离或者疏散开，从而使燃烧停止。如拆除与火源毗邻的易燃建筑结构，建立阻止火势蔓延的空间地带。

（4）化学抑制灭火法。就是将化学灭火剂喷入燃烧区参与燃烧反应，中止链反应使燃烧反应停止。最常见的就是用灭火器向着火点喷射灭火。

3. 报火警时要切记五个内容：

（1）“119”火警电话号码；

（2）发生火灾的地点（详细地址）；

（3）燃烧部位和物品；

（4）报警人的姓名和联系电话；

（5）到路口迎候消防车。

4. 一懂三会

（1）一懂：懂得现场用火、用电、用油、用气、火灾危险性；

（2）三会：一会报警，发现火灾后迅速拨打 119 火警电话报警；二会灭火，发生火灾后使用灭火器、消火栓等扑救初期火灾；三会逃生，懂得逃生技巧、发生火灾后迅速逃离现场。

5. 三提示

（1）提示一：请您注意消防安全，无携带易燃易爆等危险物品进入公众场所。

（2）提示二：请您留意场所内的安全疏散指示标志、安全出口位置，一旦发生火灾，请保持镇定，可将毛巾、衣物等浸湿捂住口鼻，低头弯腰，听从现场服务员的指挥和引导，选择就近安全出口有序疏散，勿乘坐电梯。

（3）提示三：请您留意场所内消防器材和设施位置，一旦发生火灾，及时使用，实施灭火自救，保障生命安全。

6. 三知四会一联通

（1）三知：知道单位内部消防设施位置、知道疏散通道和出口、知道建筑布局和功能；

（2）四会：是指会组织疏散人员、会扑救初起火灾、会穿戴防护装备、会操作消防器材；

（3）一联通：指就近消防队（公安消防支队或大中队）与微型消防站、微型消防站与消防队员保持通信联络畅通。

7. 四个能力

（1）一是提高检查消除火灾隐患的能力；

（2）二是提高组织扑救初期火灾的能力；

（3）三是提高组织人员疏散逃生的能力；

（4）四是提高消防宣传教育培训的能力。

8. 过滤式防毒面具的使用

过滤式防毒面具用于火灾中个人逃生。它可防止热气流、热辐射、毒烟、毒气、一氧化碳对头面部及呼吸系统的伤害。使用方法：

（1）打开包装盒，从缺口处撕开包装袋；

（2）拿出面具，分别取下口罩处内外的两个橡胶塞；

（3）将面套套入头部；

（4）调正眼窗扣正口鼻罩；

（5）用手拉紧头带，扣上尼龙搭扣。

9. 干粉灭火器的使用方法

（1）使用前要将瓶体颠倒几次，使筒内干粉松动；

（2）除掉铅封；

（3）拔掉保险销；

（4）左手握着喷管，右手提着压把；

（5）在距火焰两米处，右手用力压下压把，左手拿着喷管左右摇摆，喷射干粉覆盖燃烧区，直至把火全部扑灭。

10. 消火栓使用操作

（1）打开消火栓箱，取出水带；

（2）抛水带：右手成虎口形握住水带的两个接头，拇指第一关节扣压水带外圈，其他四指扣压水带内圈。同时，左手拇指和四指分别插入水带两头接口内，并握紧两个水带头，两手协力托住水带，用力向正前方抛出，左手握水带头向上抽拉，使水带向正前方摊开；

（3）接水带：右手将水带接头与消防栓接头对接，并顺时针转动至卡紧为止；

（4）接水枪、打开水龙头：迅速拿起另一头水带接头，一手拿着水枪向着火部位冲去，将水枪头接上水带接口，并将水龙头打开；

（5）灭火：射水时，采取包围灭火战术——阻止火势和烟雾向四周扩散，以便有效控制，以至将火扑灭。

注意，如遇电器火灾，应先断电后灭火。

第二节　通用知识

本节主要介绍轨道列车司机岗位通用知识，包括电子电工电气图、简单的电器元件符号、基础电路的组成和计算；机械基础中简单机械识图和简单的机械传动方式；计算机系统的简单介绍和硬件、软件系统的构成及运用；地铁线路的分类和作用，线路中各类标示的含义和作用，线路轨道的组成和功能以及线路限界的要求。

通过对本节的学习，了解和掌握简单的电气/机械设备组成和原理、基础的电气/机械识图能力、计算机的运用；同时认识到地铁线路在地铁运行中的重要性，熟悉各类线路、标示、轨道设备的特点，掌握各类线路标示、线路限界的含义和实际应用，在工作中及时消除线路安全隐患，保障列车运行安全。

一、电子电工、机械、计算机概况

1. 电子电工基础

（1）电气图概念：

① 定义：电气图是用电气图形符号、带注释的围框或简化外形表示电气系统或设备中组成部分之间相互关系及其连接关系的一种图。它是用来阐述电气工作原理，描述产品的构成和功能，提供装接和使用信息的重要工具和手段。

② 简图：简图是电气图的主要表达方式，是用图形符号、带注释的围框或简化外形表示系统或设备中各组成部分之间相互关系及其连接关系的一种图。

（2）电气图分类：

电气图可分为电气原理图、电气元件布置图、电气接线图三大类。

① 电气原理图是用国家统一规定的图形符号、文字符号和线条连接来表明各个电器的连接关系和电路工作原理的示意图。它是分析电气控制原理、绘制及识读电气控制接线图和电气元件位置图的主要依据。

② 电气元件布置图是根据电器在控制板上的实际安装位置，采用简化的外形符号（如方形等）而绘制的一种简图，主要用于表明电器的布置和安装。

③ 电器接线图是用来表明电气设备或线路连接关系的简图，是安装接线、线路检查和线路维修的主要依据。

（3）电气元件符号（见图 2–5）：

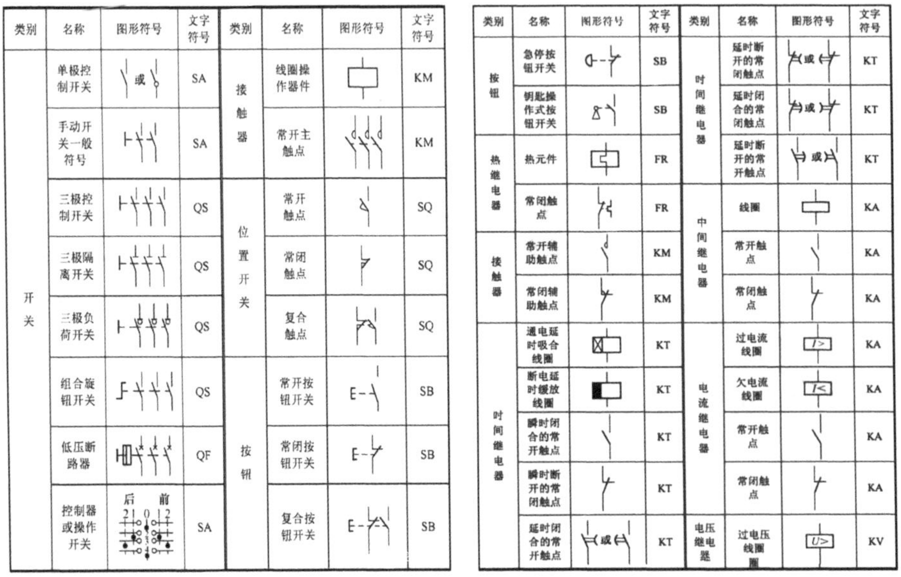

类别	名称	图形符号	文字符号	类别	名称	图形符号	文字符号
电压继电器	欠电压线圈	U<	KV	电动机	步进电动机	M	
	常开触点		KV		三相笼型异步电动机	M 3~	M
	常闭触点		KV		三相绕线转子异步电动机	M 3~	M
非电量控制的继电器	速度继电器常开触点	n	KS		他励直流电动机	M	M
	压力继电器常开触点	P	KP		并励直流电动机	M	M
熔断器	熔断器		FU		串励直流电动机	M	M
电磁操作器	电磁铁的一般符号	或	YA	发电机	发电机	G	G
	电磁吸盘		YH		直流测速发电机	TG	TG
	电磁离合器		YC	变压器	单相变压器		TC
	电磁制动器		YB		三相变压器		TM
	电磁阀		YV	灯	信号灯（指示灯）	⊗	HL
电动机	直线电动机	M	YV				

类别	名称	图形符号	文字符号	类别	名称	图形符号	文字符号
接插器	插头和插座	或	X 插头 XP 插座 XS	互感器	电压互感器		TV
互感器	电流互感器		TA		电抗器		L
电阻器	电阻		R	二极管	普通二极管		VD
	可调电阻		RP		稳压二极管		VZ
电容器	普通电容		C	三极管	晶闸管		VS
	电解电容		C		普通三极管		VT

图 2-5　电器元件符号

（4）电气原理图的识读规则：

① 电源电路画成水平线，相序由上而下排列，中性线和保护地线处在相线下面。直流电源正极在上，负极在下。

② 主电路是受电动力装置及保护器，处在原理图的左侧。

③ 控制电路、信号电路、照明电路跨在两相电源线之间，依次垂直处在右侧，耗能元件（线圈、灯）处在电路下方，电器触点处在耗能元件上方。

④ 电气原理图中电器按照国家统一标号画出。

⑤ 电气原理图中同一电器的各元件按其作用分画在不同电路中，标以相同文字符号。

（5）阅读电气原理图的基本方法：

① 在阅读电气原理图时，可以归纳为：从机到电、先“主”后“控”、化整为零、连成系统。

② 阅读主电路时，应该了解主电路有哪些用电设备（如电动机、电炉等），以及这些设备的用途和工作特点。并根据工艺过程，了解各用电设备之间的相互联系、采用的保护方式等。

③ 阅读控制电路时，一般先根据主电路接触器主触点的文字符号，到控制电路中去找与之相应的吸引线圈，进一步弄清楚电机的控制方式。这样可将整个电气原理图划分为若干部分，每一部分控制一台电动机。另外，控制电路一般是依照生产工艺要求，按动作的先后顺序，自上而下、从左到右、并联排列。因此，读图时也应当自上而下、从左到右，一个环节、一个环节地进行分析。

（6）基本电路：

① 由电路元件构成的电路，称为电路模型。电路元件一般用理想电路元件代替，并用国家标准规定的图形符号及文字符号表示。电路由电源、负载及中间环节等三部分组成。

② 电源是将其他形式的能量转换为电能的装置，如发电机、干电池、蓄电池等。负载是取用电能的装置，通常也称为用电器，如白炽灯、电炉、电视机、电动机等。中间环节是传输、控制电能的装置，如连接导线、变压器、开关、保护电器等。

（7）电路的基本物理量及相互关系：

① 电流：电荷的有规则的定向运动形成电流。电流的大小用电流强度（简称电流）来表示。电流强度在数值上等于单位时间内通过导线某一截面的电荷量，直流电流用大写字母 I 示，即 $I=Q/t$，电流的单位是安培（简称安），用符号 A 表示；电荷量的单位为库仑（简称库），用符号 C 表示。

② 电压：电路中 a、b 两点间电压，在数值上等于将单位正电荷从电路中 a 点移到电路中 b 点时电场力所做的功，直流电压用大写字母 U 表示，如 a、b 两点间的直流电压为：$U_{ab}=W_{ab}/Q$。电压的单位为伏特（V），常用的单位为千伏（kV）、毫伏（mV）、微伏（μV）。

③ 电功率与电能单位时间内电场力所做的功称为电功率，简称为功率，以符号 P 表示。即：$P=\pm QU/t=\pm UI$。若电流的单位为 A、电压的单位为 V，则功率的单位为瓦特（W），简称为“瓦”。

④ 计算电路吸收的功率时，当 $P>0$，表明元件吸收功率；当 $P<0$，表明元件释放功率。当已知设备的功率为 P 时，则在 t 时间内消耗的电能为 $W=Pt$。电能就等于电场力所做的功、单位是焦耳（J）。工程上，直接用千瓦小时（kW · h）作为单位，俗称“度”。且 1 kW · h=3 600 000 J。

（8）欧姆定律

欧姆定律指出：在电阻电路中，电流的大小与电阻两端的电压成正比，与电阻值成反比。即：$I=U/R$。在国际单位制中，电阻的单位为 Ω。当电路两端的电压为 1 V，通过的电流为 1 A 时，则该段电路的电阻为 1 Ω。

（9）串联电路（见图 2–6）

各电阻元件顺次连接起来，所构成的二端网络称为电阻的串联网络。串联的各个电阻的电流相等，均等于 I，串联电路电压等于各电阻电压之和，电阻的串联网络的等效电阻等于各电阻之和。串联各电阻的电压之比等于它们的电阻之比。串联电阻有“分压”作用，串联的每个电阻的功率也与它们的电阻成正比。

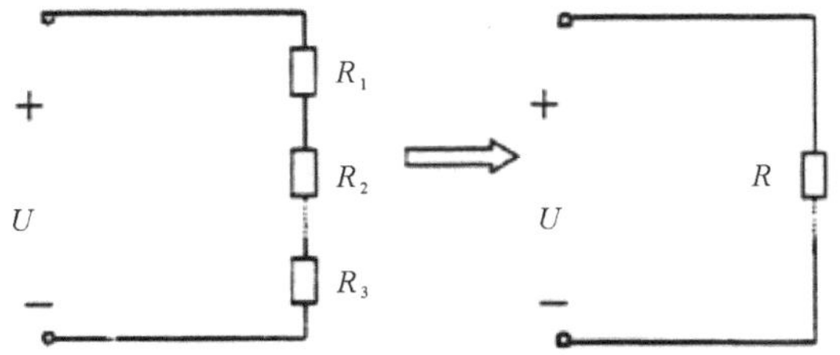

图 2–6　串联电路

（10）并联电路（见图 2-7）

各电阻元件的两端分别连接起来所构成的二端网络称为电阻的并联网络。并联的各个电阻的电压相等，均等于 U，并联电路的总电流等于各电阻电流之和，电阻的并联网络的等效电阻的倒数等于各电阻倒数之和。并联电阻有“分流”作用。

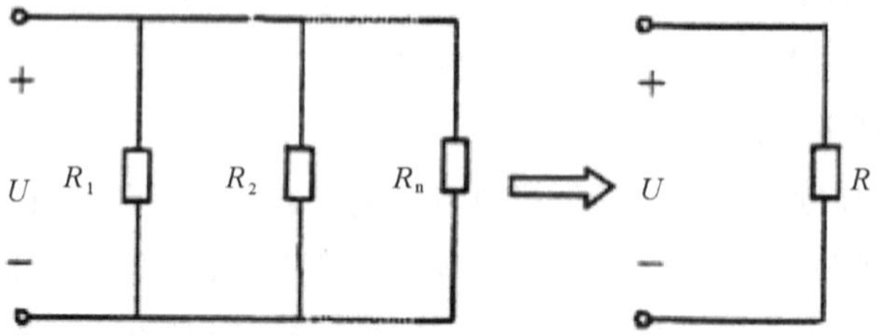

图 2-7　并联电路

2. 机械基础概况

（1）视图基础知识：

视图主要用来表达机件的内外部结构形状，在视图中，粗实线是机件的可见轮廓；细虚线是机件的不可见轮廓。视图通常有：基本视图、局部视图、斜视图、剖视图和断面图。

① 基本视图。

物体向基本投影面投射所得的视图，称为基本视图。分别为主视图、仰视图、俯视图、左视图、右视图、后视图。各视图间保持“长对正、高平齐、宽相等”的投影关系。

② 局部视图。

将机件的某一部分向基本投影面投射所得的视图称为局部视图。局部视图是用来补充基本视图尚未表达清楚的部分，可以减少基本视图的数量。局部视图的断裂边界用波浪线表示，当局部视图的外轮廓线成封闭时，则不画波浪线。

③ 斜视图。

将物体向不平行于基本投影面的平面投射得到的视图，称为斜视图。

④ 剖视图。

当机件的内部结构比较复杂时，在视图中就会出现很多虚线，为了清晰地表达机件的内部结构形状，可采用剖视图。

⑤ 断面图。

假想用剖切平面将机件某处切断，仅画出该剖切面与物体接触部分的图形称为断面图。按断面图配置位置不同，可分为移出断面图和重合断面图两种。

（2）机械传动：

① 轴、联轴器、轴承。

a. 轴是组成机器的重要零件之一，其主要功用是支撑回转零件（如齿轮和带传动等），以实现运动和动力传递。按照载荷不同分为：心轴、转轴、传动轴；按照形状不同分为：直轴、曲轴、钢丝软轴。

b. 联轴器是指连接两轴或轴与回转件，在传递运动和动力过程中一同回转，在正常情况下不脱开的一种装置。有时也作为一种安全装置用来防止被连接机件承受过大的载荷，起到过载保护的作用。联轴器可以分为两大类，即刚性联轴器和弹性联轴器。

c. 轴承是支撑轴、轴上零件并保证轴的旋转精度的部件。根据轴承工作时的摩擦性质分为滑动轴承和滚动轴承两大类。

② 带传动。

带传动是利用张紧在带轮上的柔性带进行动力传递的一种机械传动装置。根据传动原理的不同，分为摩擦型带传动和同步带传动。

③ 链传动。

链传动适用于两平行轴中心距比较大、瞬间传动比无严格要求以及工作环境恶劣的场合。

④ 齿轮传动。

齿轮传动由主动轮、从动轮和支承件等组成，是通过轮齿间直接啮合来实现的一种机械传动。

⑤ 蜗杆传动。

蜗杆传动常用于两轴交错、传动比大、传动功率不高、间歇工作的场合。由蜗杆和蜗轮组成，用于传递空间两交错轴之间的回转运动和动力，通常两轴交错角度为 90°，一般蜗杆是主动件。按照蜗杆的形状不同，分为圆柱蜗杆传动和环面蜗杆传动；按照加工方法不同，圆柱蜗杆又分为阿基米德蜗杆和渐开式蜗杆。

3. 计算机基础

（1）计算机系统指用于数据库管理的计算机硬软件及网络系统。

（2）计算机系统的特点是能进行精确、快速的计算和判断，而且通用性好，使用容易，还能联成网络。

（3）计算机系统由硬件（子）系统和软件（子）系统组成。前者是借助电、磁、光、机械等原理构成的各种物理部件的有机组合，是系统赖以工作的实体。后者是各种程序和文件，用于指挥全系统按指定的要求进行工作。

（4）硬件系统。硬件系统主要由中央处理器、运算器、存储器、输入输出控制系统和各种外部设备组成。

① 中央处理器。

中央处理器是整个计算机的中枢神经，其功能是对程序规定的控制信息进行解释，根据其要求进行控制，调度程序、数据、地址，协调计算机各部分工作及内存与外设的访问等。

② 运算器。

运算器的功能是对数据进行各种算术运算和逻辑运算，即对数据进行加工处理。

③ 存储器。

存储器的功能是存储程序、数据和各种信号、命令等信息，并在需要时提供这些信息。

④ 输入设备。

输入设备是计算机的重要组成部分，输入设备与输出设备合称为外部设备。简称外设。输入设备的作用是将程序、原始数据、文字、字符、控制命令或现场采集的数据等信息输入计算机。常见的输入设备有键盘、鼠标器、光电输入机、磁带机、磁盘机、光盘机等。

⑤ 输出设备。

输出设备与输入设备同样是计算机的重要组成部分，它把计算机的中间结果或最后结果、机内的各种数据符号及文字或各种控制信号等信息输出来。计算机常用的输出设备有显示终端、打印机、激光印字机、绘图仪及磁带、光盘机等。

（5）软件系统：

软件系统分为系统软件、支撑软件和应用软件。系统软件由操作系统、实用程序、编译程序等组成。

① 系统软件。

系统软件是指控制和协调计算机及外部设备、支持应用软件开发和运行的系统，是无须用户干预的各种程序的集合，主要功能是调度、监控和维护计算机系统；负责管理计算机系统中各种独立的硬件，使得它们可以协调工作。系统软件使得计算机使用者和其他软件将计算机当作一个整体而不需要顾及底层每个硬件是如何工作的。

② 应用软件。

应用软件是用户可以使用各种程序设计语言，以及用各种程序设计语言编制的应用程序的集合，分为应用软件包和用户程序。应用软件包是利用计算机解决某类问题而设计的程序的集合，供多用户使用。计算机软件分为系统软件和应用软件两大类。应用软件是为满足用户不同领域、不同问题的应用需求而提供的那部分软件，它可以拓宽计算机系统的应用领域，放大硬件的功能。如 Word、Excel、QQ 等都属于应用软件。

二、线路概况

1. 线路的分类

城市轨道交通线路（以下简称“线路”）是城市轨道交通车辆运行的基础，它承受着由车辆轮对传来的巨大压力，并引导车辆轮对的运行。

线路按铺设位置可分为地下线路、地面线路和高架线路。在城市中心地区一般铺设地下线路，在其他地区，可根据具体的地形条件，铺设地面或高架线路；线路按其在运营中的作用，可分为正线、配线、车辆段线等。

（1）正线。

正线是指供列车载客运行的线路，贯穿所有车站和区间。它一般按双线设计，有上行和下行之分。列车运行采用双线单向靠右侧行车。

（2）配线：

配线是指为空载列车进行折返、停放、检查、转线及出入段作业所运行的线路，包括折返线、渡线、停车线、车辆段出入线和联络线等，是为保证正线运营而配置的线路。

① 折返线。

折返线是供运营列车往返运行时掉头转线用的线路，也可作为夜间存车使用。根据线路地形条件和实际需要的不同，折返线有灯泡形、人字形、交叉形等形式。

② 渡线。

渡线是指上下行正线之间（或其他平行线路之间）设置连接线，通过一组联动道岔达到转线的目的。渡线有单渡线和交叉渡线之分。渡线单独设置时，用来临时折返列车，增加运营列车调度的灵活性；与其他配线配合使用时，能完成或增强其他配线的功能。

③ 停车线。

停车线一般设置在端点站，专门用于停车，也可进行少量检修作业。在城市轨道交通车辆检修基地，会设有足够的停车线以供夜间停止运营后的列车停放。此外，在轨道交通线路沿线每隔3~5个车站的站端应加设渡线和停车线。渡线可使故障列车能及时掉头，停车线可供临时停放故障或事故列车，使之不影响后续列车运行。

④ 车辆段出入线。

车辆段与正线连接的线路为车辆段出入线。

⑤ 联络线。

在整个城市轨道交通线路网中，要使同种制式线路实现列车过轨运行，这种过轨一般需要通过线与线之间的联络线来实现。联络线主要是两条正线间的连接线，主要有以下作用：车辆送修的通道；调运运营车辆；为后建线路运送设备；同一期工程跨线修建时，两线间需设置联络线。

（3）车辆基地线：

车辆基地线是指车辆基地内的各种作业线，主要包括以下几种。

① 检修线。

设置在车辆基地检修库内，专门用于检修车辆的作业线，配有地沟和架车设备。

② 试车线。

设置在车辆基地，用于对检修完毕的车辆进行运行状态检测的线路。

③ 洗车线。

专门用于清洗车辆的作业线。

④ 出入库线。

使车辆基地与正线联系的线路，专供列车进出车辆基地。一般分出库线和入库线。

2. 线路标志

表示建筑物及线路设备位置或状态的标志称为线路标志。通过各种线路标志可以使工作人员知道或明确线路情况，方便进行各种设备维修、检查，使司机能够掌握和依据各种线路标志指示的条件与要求驾驶列车，达到运行安全和规范行车的目的。

（1）正线标志：

① 停车位置标（见图 2–8）。

设于各车站站台端部列车运行方向的右侧。列车站内停车时，列车驾驶室侧门中心线必须和停车标对齐，允许误差 ±30 cm。

② 预告标（见图 2–9 和图 2–10）。

在接近车站 200 m、300 m 处分别设置接近车站预告标。

③ 站名标（见图 2–11）。

在距车站端墙 100 m 处设置黄底黑字的站名标。

图 2–8　停车位置标

图 2–9　300 m 标

图 2–10　200 m 标

图 2–11　站名标

④ 百米标。

设于隧道壁位置，表示正线的里程，有 100 m 到 900 m 标。

⑤ 公里标。

设于隧道壁位置，表示正线的里程，个位数字以百米为单位，十位及以上以千米为单位。如：010（1 km）、020（2 km）、030（3 km）到 180（18 km）。

⑥ 曲线标。

曲线起点和终点标志的简称。设在曲线中点处，标志上标明了曲线中心里程、半径大小、两曲线及缓和曲线长度、超高、加宽等有关数据。

⑦ 坡度标。

设在线路纵断面的变坡点处。它在正面与背面分别表示两边的坡度与坡段长度，箭头所指为上坡或下坡，箭尾数字表示坡度千分率，侧面标明变坡点位置。

⑧ 桥梁标。

表示桥梁位置（中心里程）的标志，一般设置在桥梁中心里程处或桥头端，上面标明桥梁编号及中心里程数。

⑨ 警冲标（见图 2–12）。

设于两会合线路线间距为 4 m 的中间。线间距不足 4 m 时，设在两线路中心线最大间隔的起点处。它用来指示机车车辆的停留位置，防止机车车辆的侧面相撞。

图 2–12　警冲标

⑩ 车挡表示器（见图 2–13）。

设置在线路尽头线车挡上的表示器，便于司机确认车挡位置。隧道内显示红色灯光，地面线路昼间使用红色方牌，夜间使用红色灯光。

图 2–13　车挡表示器

⑪ 接触网终点标（见图 2–14）。

表示接触网已经终止的标志，设在接触网终端，警告司机不准越过该标，防止脱弓。

图 2–14　接触网终点标

（2）车辆基地线路标志：

一度停车标。设于库门和平交道口列车运行方向的右侧，列车运行至此，停车确认进路或信号安全后再动车（见图 2–15）。

图 2-15　一度停车标

3. 轨道

轨道是用于引导机车车辆运行方向，并直接承受由机车车辆的轮对传来的巨大压力，使之传递、扩散到路基及桥梁隧道建筑物上的整体工程结构，钢轨还有为供电、信号电路提供回路的作用，是地铁的主要技术装备之一，是行车的基础。轨道由钢轨、轨枕、道床、联结零件、防爬设备及道岔六个主要部分组成。如图 2-16 所示。

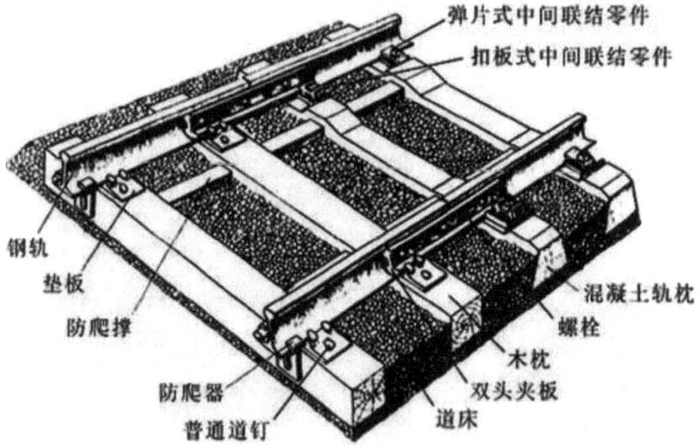

图 2-16　轨道的基本组成

（1）钢轨

钢轨的作用是引导车轮的运行方向，直接承受车轮的巨大压力，并承受机车轮周牵引力的反作用力和列车制动时的摩擦力，将其传递给轨枕。它的断面形状为工字形，有轨头、轨腰、轨底三部分。在我国，钢轨的类型或强度是用其单位长度的重量来表示的。我国现行的标准钢轨类型有：70 kg/m、60 kg/m、50 kg/m、43 kg/m 及 38 kg/m 等，单位长度重量越大其强度就越强，对列车的高速运行和重载就越有利。

（2）轨枕

轨枕的作用是支承钢轨，并将钢轨传来的压力均匀地传递给道床，同时有效地固定钢轨的位置，保持钢轨轨距。轨枕按其制作材料的不同，主要分为木枕和钢盘混凝土枕两种。木枕因其弹性好、形状简单、易加工、重量轻、易铺设、易更换等优点；主要缺点就是木材消耗量大、使用寿命较短（经防腐处理后的木枕一般可用 15 年左右）等；钢筋混凝土轨枕因其使用寿命长、稳定性能好，可提高轨道的强度和稳定性，减少线路的养护工作量，以及材料来源较广，还可大量节省木材等。

（3）道床

道床是铺设在路基上的石碴垫层。其主要作用是支承轨枕，把从轨枕传来的压力均匀地传递给路基；并固定轨枕的位置，阻止轨枕纵向或横向移动；缓和机车车辆轮对对钢轨的冲击。地铁线路地面线一般采用碎石道床，隧道内普遍采用整体式道床。

（4）联结零件

钢轨必须通过联结零件才能固定在轨枕上，钢轨之间也需要用联结零件连成整体。常用的联结零件包括夹板（鱼尾板）、螺栓、道钉、扣件等。地铁整体道床普遍采用弹性分开式扣件，这种扣件在一定程度上弥补了整体道床弹性不足的缺陷。

（5）道岔

① 道岔的作用：道岔是机车车辆从一股道转入或越过另一股道的线路设备，是轨道系统的重要组成设备，也是轨道的薄弱环节之一。道岔的基本形式：线路的连接、交叉、连接与交叉的组合。

② 线路的连接有：单式道岔和复式道岔。

③ 交叉有：直交叉和菱形交叉。

④ 连接与交叉有：交分道岔和交叉渡线等。

⑤ 道岔的分类：单开道岔、双开道岔（对称道岔）、三开道岔、交叉渡线和交分道岔等。以单开道岔为例，道岔主要组成如图 2–17 所示。

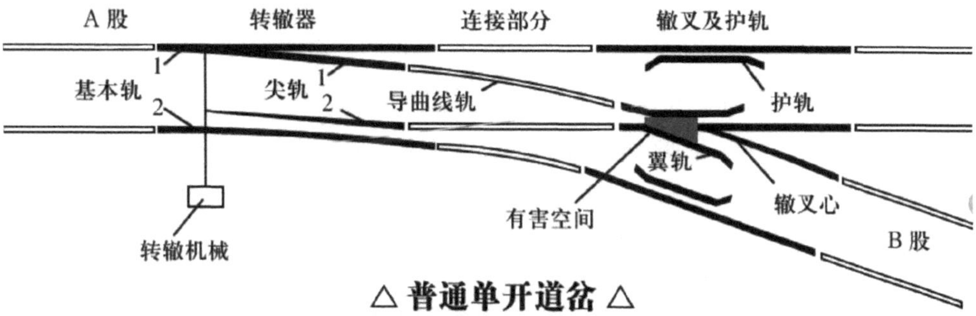

图 2–17　道岔主要组成

⑥ 道岔各有其代号，比如 9 号道岔、12 号道岔、18 号道岔等。这个代号可不是随便排列的，它实际上代表了辙叉角（α）的余切值，也就是辙叉心部分直角三角形两条直角边 FE 和 AE 的比值，即 $N=\cot\alpha=FE/AE$，N 就是道岔号。显而易见，辙叉角 α 越小，N 值就越大，导曲线半径也越大，列车侧线通过道岔时就越平稳，允许过岔速度也就越高。所以采用大号道岔对于列车运行是有利的。不过，事物总有它的两面性，道岔号数越大，道岔越长，造价自然就高，占地也要多得多。

4. 限界

限界是保障城市轨道交通车辆安全运行，用以限制沿线设备安装及确定建筑结构有效净空尺寸的技术，它确定了轨道运输与线路有关的构筑物和各种设备的相互关系。限界是根据车辆、行车速度、线路、轨道、设备条件及安全间隙等决定的，它是区间隧道、桥梁、车站、信号、供电、消防环控、站台门等的设计依据。地铁设计规范中将限界分为车辆限界、设备限界和建筑限界。

（1）车辆限界。

车辆在平直轨道上按规定速度运行，计及车辆和轨道的公差、磨耗、弹性变形以及振动等正常运行状态下的各种限定因素，而产生的车辆各种部位横向和竖向动态偏移后的统计轨迹，以基准坐标系表示的包络线称为车辆限界。任何设备、设施不得超过车辆限界，否则，为侵入行车限界，简称侵限。

（2）设备限界。

设备限界是基准坐标系中位于车辆限界外，考虑了车辆在一系或二系悬挂故障状态下运行以及车辆在未计及因素所产生的包络线。设备限界外安装的任何设备（不包括站台计算长度内），即使计及它们的安装误差或柔性变形，均不得侵入的空间称为设备限界。

（3）建筑限界。

建筑限界是设备限界外的界限。沿线任何永久固定建筑物，即使计及施工误差、测量误差及机构永久变形在内，均不得向内侵入的限界。

第三节　列车车辆

本节主要以长沙地铁二号线列车为例，介绍轨道列车的基本概况，包括轨道列车技术参数、四大系统（车门、制动、牵引、辅助）的组成和工作原理、轨道列车车底设备和走行部设备的分布情况，全面分析了轨道列车车辆方面的知识。

通过本节的学习，了解轨道列车整体车辆系统中各个零部件、车辆技术参数、工作原理，在运用到列车操作过程中，避免违规操作；同时了解车辆各个系统的工作过程，掌握相关设备运作特性，为后续列车故障处理提供技术支持，提高工作效率。

一、技术数据（见表 2-3、表 2-4、表 2-5）

表 2-3　技术数据

参数	数值	附注
电源	架空接触网	
额定电压	DC 1 500 V	
允许电压范围	DC 1 000 V ~ 1 800 V	

表 2-4　车辆主要尺寸

参数	数值
车体静压强度	1 000 kN
车体静拉强度	800 kN
车体总长（车钩之间的连接长度）	Tc 车：20 354 mm Mp/M 车：19 520 mm
列车长度	118 788 mm
车辆最大宽度	2 800 mm
车顶面至轨面高度	≤ 3 810 mm
客室内部高度（地板面至内部车顶中心线）	≥ 2 100 mm
乘客站立区的最小高度	≥ 1 900 mm
地面至轨面高度（新轮、空载、空气弹簧充气）	1 100 mm
转向架中心距	12 600 mm
转向架轴距	2 300 mm
轮对内侧距	（1 353 ± 2）mm
轮径	
新轮	Φ 840 mm
半磨耗轮	Φ 805 mm
最大磨耗轮	Φ 770 mm
转向架和车体设备最低点至轨面距离（车轮磨耗至极限）	60 mm
车辆车钩中心线至轨面高度	（660 ± 10）mm
客室门	
电动塞拉门	车辆每侧 4 对，每辆 8 对
车门开、关调节时间	（3 ± 0.5）s
客室侧门开启宽度	1 300 mm
门开启时高度（门槛顶面以上高度）	1 870 mm
车窗	
每辆车每侧车窗数量	3
宽度	1 420 mm
高度	1 000 mm
车辆间贯通道	
宽度	1 300 mm
高度	1 900 mm

表 2-5　列车功率特性

参数	数值
最大持续运行速度	80 km/h
设计速度	90 km/h
平均起动加速度（0 ~ 40 km/h）	≥ 1.0 m/s^2
平均加速度（0 ~ 80 km/h）	≥ 0.6 m/s^2
计算用牵引黏着系数	0.17
冲击极限	≤ 0.75 m/s^3
列车在车辆段（包括出入段线）运行速度	25 km/h
列车在车辆段内最大安全退行速度	10 km/h
列车联挂速度	≤ 5 km/h
洗车速度	3 km/h
列车旅行速度（包括停站时间，AW0 ~ AW3）：	≥ 36 km/h
列车制动特性	
平均全常用制动减速度（80 km/h ~ 0，包括响应时间）	≥ 1.0 m/s^2
平均紧急制动减速度（80 km/h ~ 0，包括响应时间）	≥ 1.2 m/s^2
电 – 空转换点	≤ 6 km/h（可调）
计算用制动黏着系数	0.16
最大紧急制动距离（包括响应时间）	≤ 205 m（AW0~AW2）≤ 215 m（AW3）
停车对位精度	± 300 mm

二、总体分布图（见图 2-18）

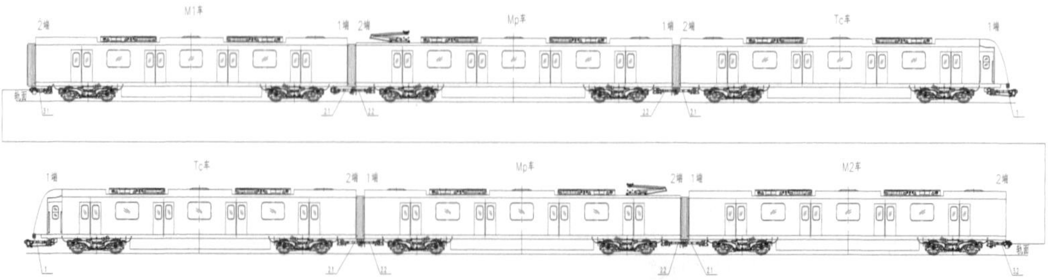

1：全自动车钩　Tc车：带司机室的拖车　2.1：半永久牵引杆　1：Mp车带受电弓的动车
2.2：半永久牵引杆2　M车：动车　3.1：半自动车钩1　3.2：半自动车钩2

图 2–18　总体分布图

（1）列车由两个单元共 6 辆车组成，每个单元由 1 辆拖车（Tc 车）加 2 辆动车（Mp、M 车）组成，最大运行速度 80 km/h。一个单元内的三辆车之间通过半永久牵引杆进行机械连接，两个单元以半自动车钩联挂。电气连接通过固定在车辆之间的跨接电缆实现。气动功能则通过用于连接车辆的软管进行传递。

（2）各个单元的司机室端配备全自动车钩。如果出现紧急情况，可将两列车联挂，用一列车来拖动另一列车。

（3）每台车均有两个转向架。动车受两个动车转向架支撑，它们的轮对均由牵引电机驱动。拖车则受拖车转向架支撑，它们不提供驱动功能。

（4）列车行驶方向规定了列车的左侧和右侧，即运行时工作司机室内司机左侧为整列车（6 节车）的左侧。更换工作司机室时，两侧互换。

三、车门系统

1. 车门分布（见图 2-19）

（1）每节车左右定义：站在每节车车内，面向 1 位端，左手边为车辆左侧，右手边为车辆右侧。

（2）整列车左右定义：站在激活的司机室内，面向列车前进方向，左手边为列车左侧，右手边为列车右侧。

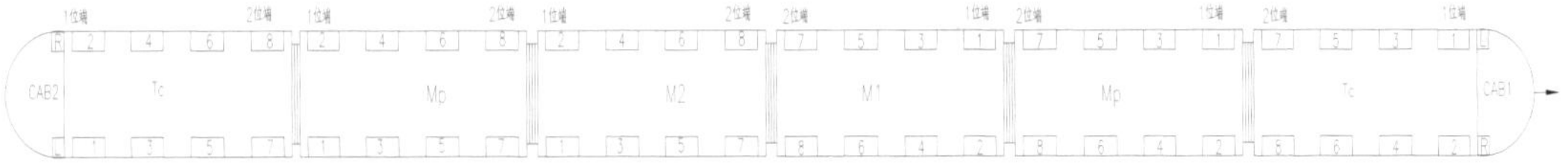

图 2-19　车门分布

（3）在 Tc 车司机室的每侧各有一个司机室门入口，每个入口安装一套司机室侧门，左右对称。左 / 右司机室侧门在图中用 L/R 表示。

（4）在 Tc、Mp、M 车的每侧有 4 个客室门口，等距离分布在每节车厢上。每个门口安装一套客室侧门，由一个车门控制单元（EDCU）控制。

（5）每节车厢客室门 1 和 2 的 EDCU 为主车门控制单元（MDCU），而每节车厢的客室门 3~8 的 EDCU 则作为本地车门控制单元（LDCU）来使用。

2. 工作条件

温度范围：–25 ℃ ~ 70 ℃

车内通风过压：最大 50 Pa

相对湿度：可达 100%

最高车速：80 km/h

最大会车速度：80 km/h

供电电压：DC110V（波动范围 77 ~ 137.5 V）

3. **部件说明**

技术参数

客室侧门净通过宽度：(1 300 ± 10) mm

客室侧门净通过高度：(1 870 ± 5) mm

客室侧门上部塞拉行程：(56+4/0) mm

客室侧门下部塞拉行程：(52+4/0) mm

客室侧门门页厚度：32 mm

玻璃结构：5+11（中空）+4（内侧）mm

车门待机功耗：< 15 W

车门平均功耗：≤ 120 W（开门和关门过程）

车门最大功耗（锁闭、解锁、回动）：< 500 W（≤ 500 ms）；

EDCU 服务接口：RS232（使用 USB 转接头）

EDCU 通信接口：MVB、CAN

开门 / 关门时间：(3.0 ± 0.5) s

开、关门延时时间：0 ~ 3.0 s 可调

最小障碍物尺寸：25 mm × 60 mm（宽 × 高）

防挤压力（遵循 EN14752 标准）：峰值力 F_p < 300 N；在第一次试图关门过程中的有效力 F_e < 150 N；在进一步试图关门过程中的平均有效力 F_e < 200 N。

隔声量：100~5 000 Hz 时≥ 31 dBA

隔热性能：K ≤ 4.6 W/m^{2}K

4. **客室侧门组成（见图 2–20）**

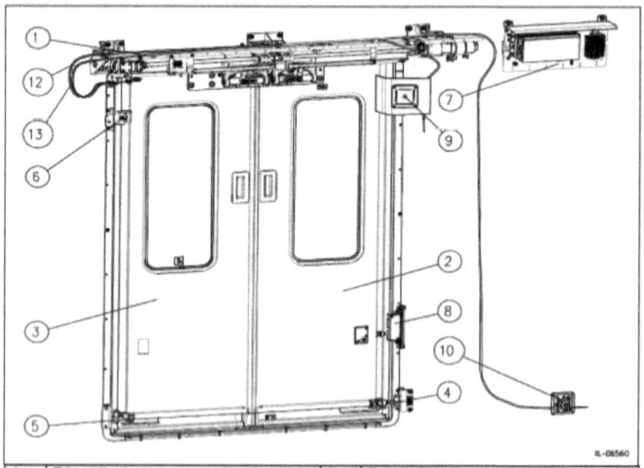

1	Drive unit 驱动机构	2	Door leaf (right) 门扇（右）
3	Door leaf (left) 门扇（左）	4	Roller lever 滚轮杆
5	Roller lever 滚轮杆	6	Support roller 支撑滚轮
7	Control board 控制面板	8	Isolating lock device 隔离锁装置
9	Emergency egress device 内紧急装置	10	Emergency access device 外紧急装置
12	Bowden cable 钢丝绳	13	Bowden cable 钢丝绳

图 2–20　客室侧门结构图

5. 门功能说明

（1）客室侧门接入下列 5 条列车线：

• 零速列车线；

• 门允许列车线；

• 开门列车线；

• 关门列车线；

• 网络硬线切换控制列车线，当“网络硬线切换”开关打到“网络位时”，EDCU 车门接受列车网络开关门指令。

（2）客室侧门具有如下主要功能：

• 开、关门功能；

• 障碍物探测功能；

• 车门故障切除功能；

• 紧急解锁功能；

• 车门安全回路及旁路功能；

• 外部操作功能（每车 2 套门）；

• 车门故障显示、存储和诊断功能；

• 单门维护按钮开关门功能（仅用于维修人员本地操作）；

• 零速保护功能。

6. 门控器激活

接通电源电压，激活 EDCU，可引发客室门以下动作：

（1）在有使能的门入口激活门控器（激活使能信号）。

• 客室门锁闭：

客室门被激活并保持关闭。

随后依据后续命令动作。

• 客室门未锁闭：

门入口被激活，车门将在告警时间 T_1 后关闭。告警时间和关闭过程中，警告元件以 2 Hz 的频率激活。警告元件将在车门关闭时去激活。

门控器在通电后无法监控车门当前位置，因此，车门将关闭以启动一个初始化过程，直到车门达到关闭位置（位置传感器的参考位置）为止。此过程中可以重新打开车门，但车门仍受到初始化程序的控制，直到其达到关闭位置为止。

关闭过程中，障碍物探测系统激活。

随后依据后续命令动作。

（2）在没有使能的门入口激活门控器（使能信号未激活）。

• 客室门锁闭：

客室门被激活并保持关闭。

随后依据后续命令动作。

• 车门未关闭：

门入口将被激活，车门将在告警时间 T_1 后关闭。告警和关闭过程中，警告元件以 2 Hz 的频率激活。警告元件将在车门关闭时去激活。

门控器在通电后无法监控车门当前位置，因此，车门将关闭以启动一个初始化过程，直到车门达到关闭位置（位置传感器的参考位置）为止。

无法在此过程中重新打开车门，原因是安全继电器不能激活。因此司机需要激活使能信号。

关闭过程中障碍物探测激活，但只有在安全继电器激活时才可能重开门，此后依据后续命令动作。

（3）列车行驶时激活门控器（零速信号未激活）。

门控器通电后无法探测车门当前位置，因此，车门会立即关闭以启动一个初始化过程，直到车门达到关闭位置为止（位置传感器的参考位置）。具有障碍物探测功能。

四、制动系统

1. 概述

（1）列车配备有两套制动系统：一套电制动系统（ED 制动）；一套电空制动系统（EP 制动）

（2）电制动（ED 制动）由动车（Mp、M 车）牵引系统提供。制动的能量反馈给电网（再生制动）。如果电网无法或只能部分吸收制动能量，那么剩余能量将通过制动电阻吸收（电阻制动）。电制动控制系统监控接触网状态，再生制动的能力取决于电网条件。

（3）电空制动由每辆车的空气制动系统提供。空气制动系统可以提供主动制动和被动制动。主动制动通过向基础制动单元（TBU）通入压缩空气，使闸瓦压向轮对。被动制动通过弹簧力，使闸瓦压向轮对。

（4）常用制动、快速制动优先使用电制动力。如果电制动力不能满足总的制动力要求，不足的制动力将由空气制动补充。

（5）制动模式分为可恢复性（常用制动、快速制动）和不可恢复性（紧急制动）两种。任何时候，操作人员均可缓解可恢复性制动；而不可恢复性制动与零速互锁，一旦施加，列车直至停车，制动才能缓解。

（6）常用制动。常用制动在正常运行状态使用。制动指令由 ATO 或司控器触发。手动模式下，需将司控器手柄移至制动位，制动设置点直接与手柄位置成比例。

常用制动时，主要采用电制动，电制动力不足时，采用空气制动补充。最大常用制动平均减速度为 1.0 m/s^2。常用制动具有防滑保护和冲动限制（0.75 m/s^3）。常用制动是可恢复的制动。

（7）快速制动。快速制动设计为紧急情况下一种制动方式。当司控器位于快速制动位时，列车施加快速制动。快速制动设计以紧急制动减速率制动而不断开安全回路。快速制动具有防滑保护和冲动限制。快速制动由电制动和电空制动产生，快速制动命令可恢复。

（8）紧急制动。紧急制动为最高安全等级的制动，通过安全回路控制，可由多个系统触发。每种操作模式（自动和手动模式）都能施加紧急制动。

紧急制动平均减速率设计为 1.2 m/s^2，仅由空气制动完成。紧急制动具有防滑保护。紧急制动命令不可恢复，一旦施加，需列车停车才能缓解。

此外，当通过司机台紧急制动按钮（蘑菇按钮）施加紧急制动时，受电弓降弓，高速断路器断开。

（9）停放制动。停放制动由弹簧力施加，采用空气缓解，仅在静止时采用，以防止列车溜车。通过按压司机室操作台上的停放制动按钮来激活或缓解停放制动。同时每个停放制动单元设有手动缓解拉绳，可以在车侧缓解停放制动。

2. 压缩空气供风及空气制动系统

（1）空气制动系统主要由如下几部分组成：

- 供风装置
- 制动控制模块
- 防滑保护装置
- 基础制动装置
- 空气悬挂装置
- 升弓装置
- 其他部件（如车钩操作装置等）

（2）各车设备配置见表 2-6。

表 2-6　制动设备配置

M 车	Mp 车	Tc 车
供风装置		
制动控制装置	制动控制装置	制动控制装置
防滑保护装置	防滑保护装置	防滑保护装置
基础制动装置	基础制动装置	基础制动装置
空气悬挂装置	空气悬挂装置	空气悬挂装置
	升弓装置	
车钩操作装置		车钩操作装置
		轮缘润滑装置

（3）空气制动系统的管路原理图如图 2-21 和图 2-22 所示：

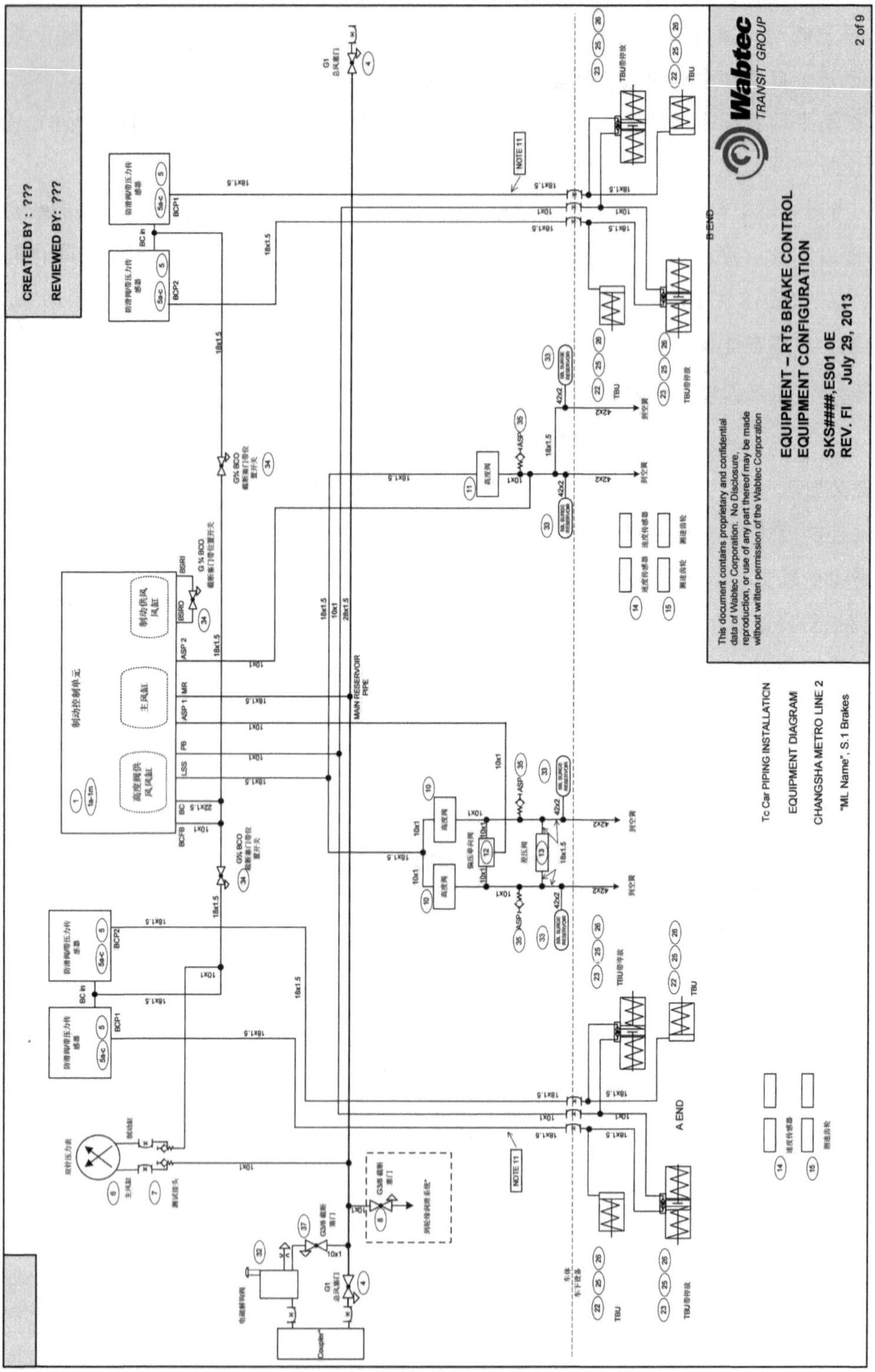

图 2-21　Tc 车制动系统气路原理

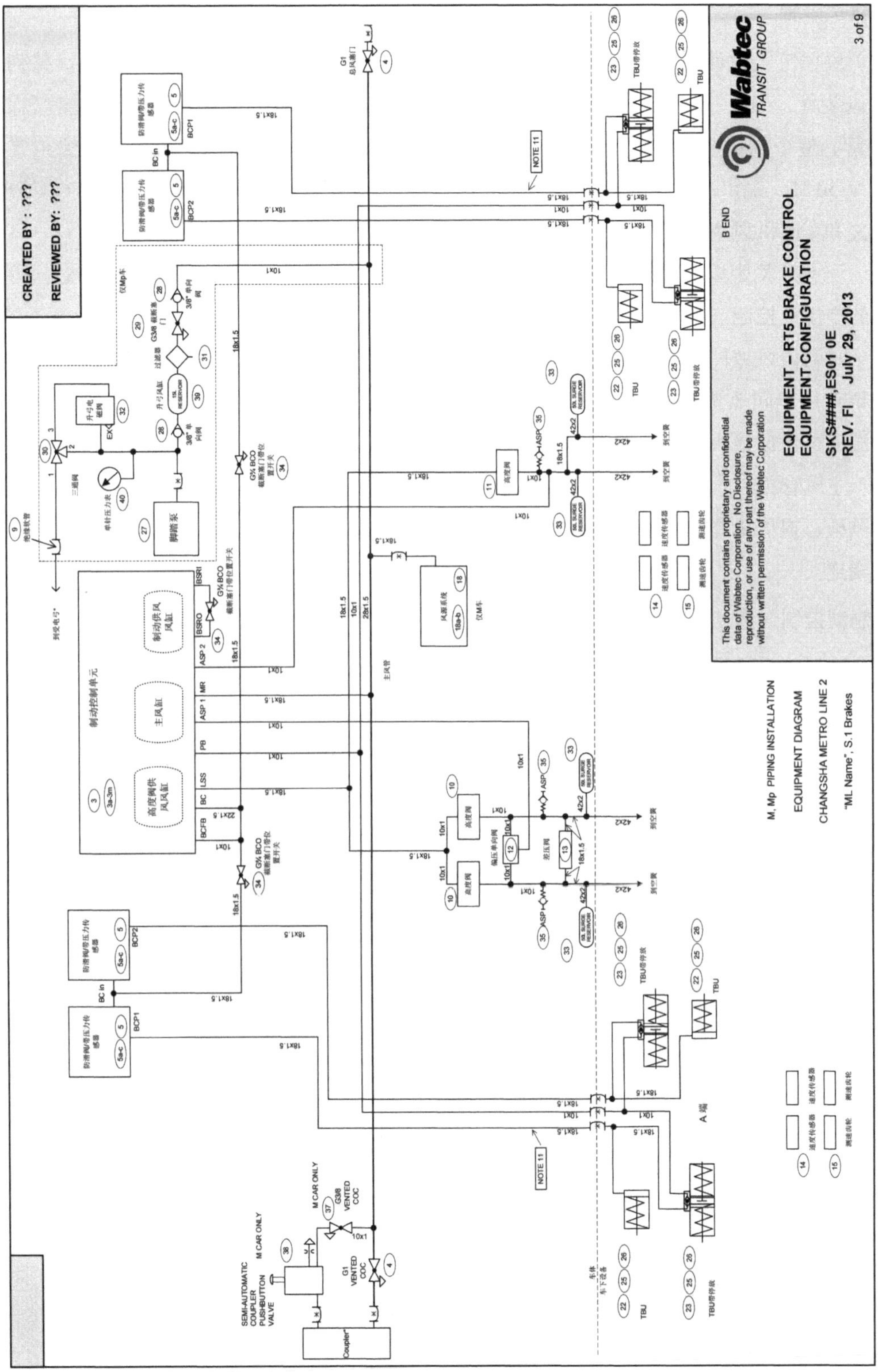

图 2-22　Mp、M 车制动系统气路原理

3. **供风装置**

（1）供风装置设计的目的是为了提供清洁干燥的压缩空气，用于各气动子系统。整列车配有两套供风装置，如果一套供风装置不能工作，另一套供风装置也能提供足够的压缩空气保证列车正常运营。整个供风装置集成为一个供风模块，并安装在每个 M 车底架上。该装置主要由通过 AC380 V/50 Hz 三相交流电机驱动的螺杆式压缩机组、软管、安全阀、塞门、空气净化处理单元、压力开关和车间供风塞门等组成。

（2）压力开关为压缩机的启停功能提供压力监测信号（工作范围为 700~900 kPa），用于网络故障时的空压机控制。

（3）车间供风塞门，用于使用车间风源供风。车间供风塞门平时处于截止位（垂直位），当在车间需要使用车间风源时，塞门打到导通位（水平位）。车间供风塞门带电触点，反馈塞门状态。车间风源通过快速接头与整车相连，快速接头带保护罩，用于平时的防水防尘。

（4）主风管路。

供风模块提供的干燥压缩空气通过主风管传递到整节车，相邻车之间的主风管通过软管及总风塞门相连。

4. **制动控制装置**

制动控制装置气路原理图如图 2-23 所示。

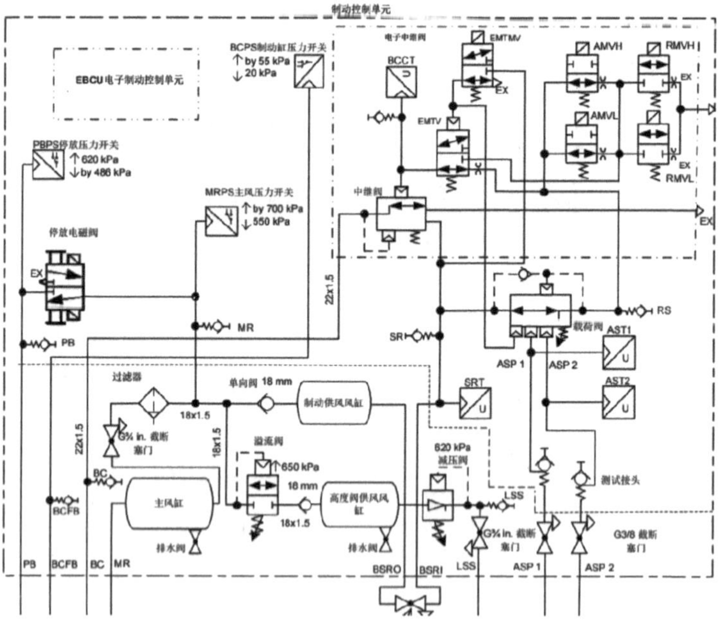

图 2-23　制动控制装置气路原理图

（1）制动控制单元（BCU）为空气制动系统的核心部件。制动系统为车控方式，每节车配置一个制动控制模块，用于本车的空气制动控制。

（2）制动控制模块集成电子制动控制单元、电子中继阀、变载荷阀、风缸，停放脉冲阀，压力开关和压力传感器等设备。

（3）停放制动由制动模块内的停放脉冲阀进行控制。主风管的压缩空气通过停放脉冲阀接入停放制动缸，缓解停放制动。司机可通过司机台上的停放制动施加按钮和停放制动缓解按钮来控制停放脉冲阀，进而控制车辆的停放制动施加和缓解。

（4）停放脉冲阀带有 2 个手动操作按钮，分别用于停放制动手动施加和缓解。当通过司机台上的按钮无法施加 / 缓解停放制动，并且总风有压力时，可通过手动操作按钮进行停放制动的控制。如图 2–24 所示。

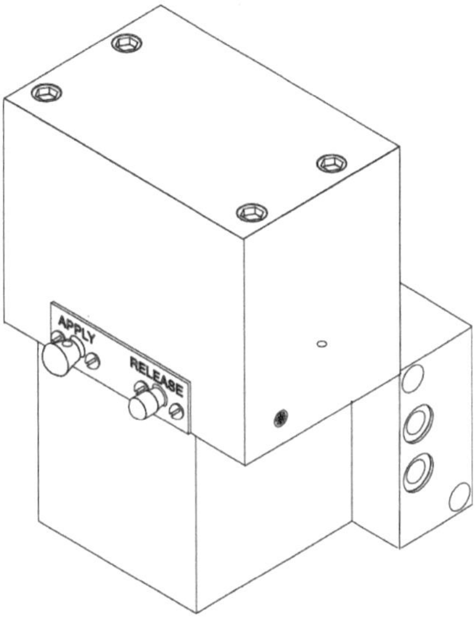

图 2–24　停放脉冲阀

5. 防滑保护装置

空气制动车轮防滑保护系统采用轴控防滑方式，包括防滑阀、测速齿轮、速度传感器等。每节车设置 4 个防滑阀，位于车辆底架上。电子制动控制单元（EBCU）通过车轴速度信号判断滑行状况，控制防滑阀，实现制动缸压力的排气、保压和充气等动作。防滑阀上带有压力传感器，将制动缸压力反馈给电子制动控制单元。

6. 基础制动装置

（1）基础制动装置是空气制动的执行机构。基础制动装置包括带停放的踏面制动单元和不带停放的踏面制动单元。每根轴配置一个带停放和一个不带停放的踏面制动单元，同类型基础制动装置在转向架上斜对称安装。

（2）两种踏面制动单元均可进行空气制动的施加，实现常用制动、快速制动和紧急制动。

（3）仅带停放的踏面制动单元可进行弹簧施加的停放制动。停放制动配有缓解拉绳，放在转向架侧面，在无法通过停放按钮和手动按钮缓解停放时（总风无压力时），可通过缓解拉绳进行停放制动的机械缓解。如图 2–25 所示。

图 2-25　停放制动手动缓解拉绳位置图

7. **空气悬挂装置**

（1）空气悬挂系统设计成用来吸收冲击和振动，控制车体高度水平以及提供一个载重信号。

（2）来自主风管的压缩空气经过滤器、溢流阀给辅助风缸供气，再经过减压阀后，压力降为 620 kPa，给空气簧供气。

（3）每个转向架装备两个空气弹簧。其中：I 架由两个高度阀控制，II 架则由一个高度阀控制，以保证车辆高度水平。为防止空簧破裂时发生车辆倾斜，安装两个高度阀的转向架通过内部连接的溢流阀平衡压力空气，当两个空簧内压力差大于 200 kPa 时，两个空簧连通。

（4）每个转向架的空簧压力由制动模块内的传感器进行监测，并为空气制动系统提供载荷信号。

8. **升弓装置**

升弓气路原理图如图 2-26 所示。

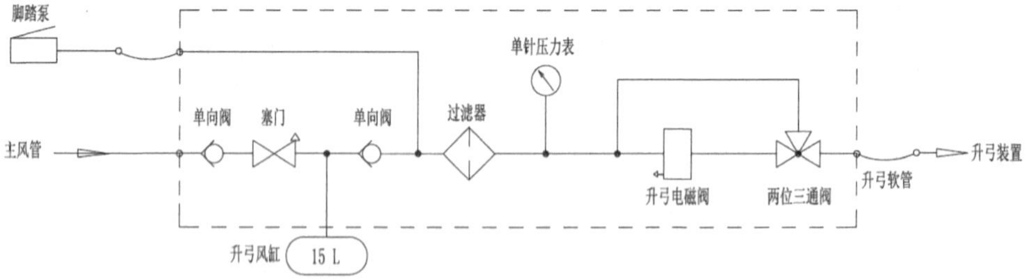

图 2-26　升弓气路原理图

升弓管路图如图 2-27 所示。

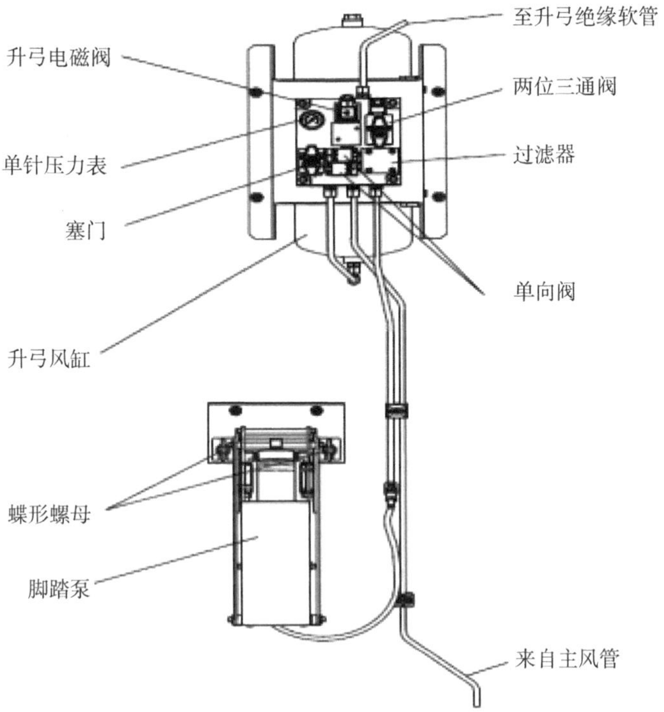

图 2-27　升弓管路图

（1）主风管的压缩空气，经单向阀、塞门、升弓风缸、单向阀、过滤器、升弓电磁阀、两位三通阀、升弓软管进入受电弓气囊。

（2）两位三通阀带有手柄，正常时手柄打在水平位，压缩空气通过升弓电磁阀，送到受电弓，实现升弓；当手柄打在竖直位时，压缩空气不经升弓电磁阀，直接送到受电弓。

（3）升弓电磁阀由司机台上的升弓和降弓按钮来控制，使受电弓气囊充气或排气，实现升弓或降弓。

（4）当升弓风缸压力不足时，可以通过脚踏泵充风升弓。单向阀防止压缩空气回流到升弓风缸，减少升弓时间。

（5）单针压力表用以查看受电弓气囊压力。

9. 车钩操作装置

（1）Tc 车司机室下方设置一个解钩电磁阀，用于自动车钩的解钩。司机台设置解钩按钮，当车辆有电有风时，通过解钩按钮驱动解钩电磁阀，使压缩空气从主风管通入解钩软管，至车钩进行解钩。

（2）M 车 II 端底架边梁设置一个手动解钩阀，通过手动解钩阀上的手动按钮，使压缩空气从主风管通入解钩软管，进行半自动车钩的解钩。半自动车钩操作装置如图 2-28 所示。

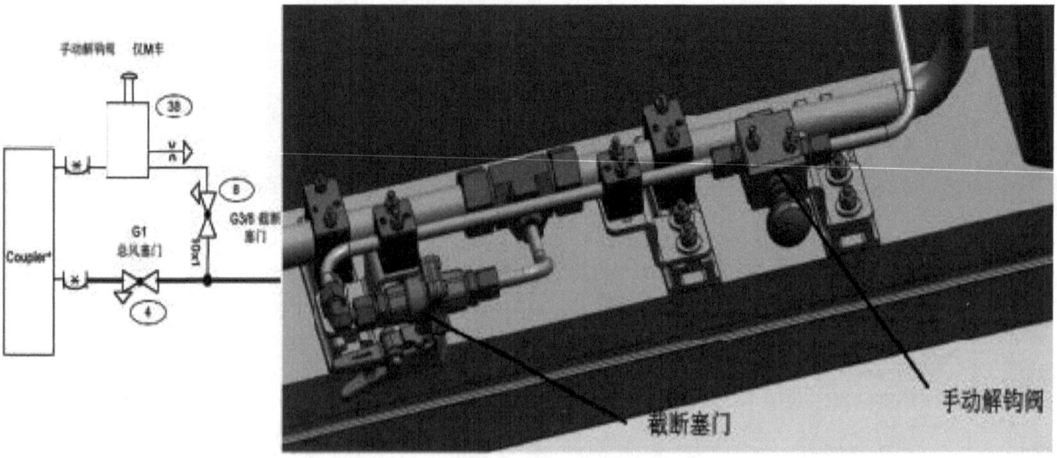

图 2–28　半自动车钩操作装置

五、牵引系统

1. 牵引主电路（见图 2–29）

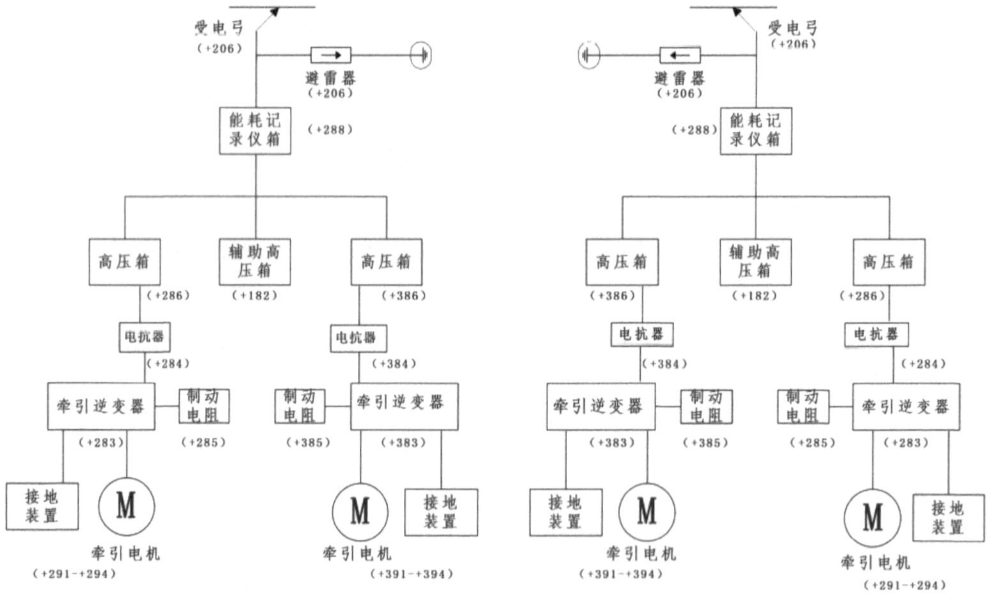

图 2–29　牵引主电路框图

主电路和电气设备主要包括下列部件：受电弓、避雷器、车间电源插座、助逆变器、熔断器、闸刀开关（包括受电弓位、车间电源以及接地位）、高速断路器（用于 VVVF 逆变器）。

2. **受电弓**

（1）受电弓将接触网电流传至车辆。它包括弓头、上框架、气囊、底架以及阀箱等。

（2）每节 Mp 车均配备有一架可手动控制的受电弓。

（3）升弓按钮（=21-S102）和降弓按钮（=21-S101）用于受电弓操作。按钮位于司机操作面板上。

（4）正常运行时，所有受电弓均通过按钮“升弓”（=21-S102）手动升起，所有受电弓升起后，此按钮马上点亮。正常运行时，六节车列上的两个受电弓必须完全升起。

（5）出现网压时，网压表（=73-P102）将显示接触网的电压值。按下降弓按钮（=21-S101），两台受电弓均会降下，网压表（=73-P102）显示值消失。

图 2-30 所示为受电弓 TSG18C。

1	底架
2	下臂杆
3	上框架
4	拉杆
5	双气囊升弓装置
6	平衡杆
7	滑板
8	阻尼器
9	气路组装
10	气阀箱装置
11	降弓位置指示器
12	支持绝缘子
13	肘接电流连接组装
14	底架电流连接组装
15	弓头电流连接组装

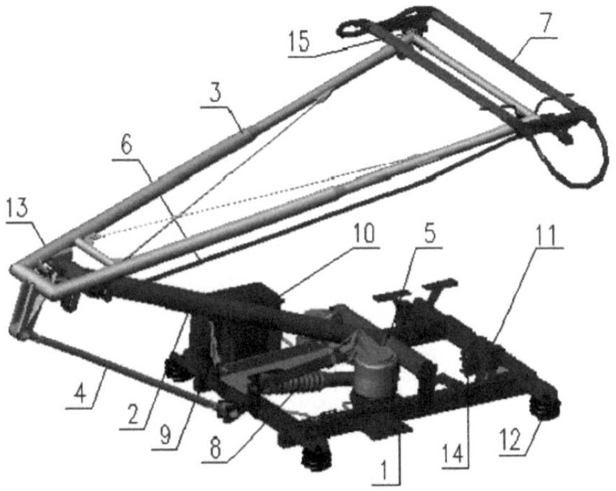

图 2-30 受电弓 TSG18C

3. **高速断路器**

（1）在出现严重干扰情况时，比如过流、逆变器故障或短路等，高速断路器（HSCB）能安全断开牵引设备与 1500VDC 电路的连接。每个牵引逆变器均通过其各自的 HSCB 与 1500VDC 电路连接，一旦有一个牵引逆变器故障，HSCB 能安全地断开。

（2）按下司机操作面板上的 HSCB 合（=21-S104）或 HSCB 分（=21-S103），亦能手动控制 HSCB。一定要注意：列车正常运行过程中，根据 HSCB 的工作状态，只有主控司机室内的启动按钮才亮灯。

4. **牵引部件**

（1）牵引逆变器箱。

每节动车（Mp 车和 M 车）均配备一个牵引逆变器箱，安装在车体底架下方。牵引逆变器将 1500VDC 变换成具有变频和变压的三相电流，驱动一节动车上的四台牵引电机。

（2）牵引电机。

牵引电机通过齿轮箱与动车轮对的机械连接，给整车提供牵引和电制动力，以便能根据运行要求实现加速和制动。每节动车的每个转向架均安装有两台牵引电机，每节车共有四台牵引电机。

（3）制动电阻。

① 制动电阻具有下列用途：

a. 电制动无再生条件下吸收制动能量。

b. 驱动系统的过压保护。

② 实施电制动（ED）时，如果接触网电源系统能吸收能量的话，牵引逆变器便能将列车上产生的再生制动能量反馈给供电网络（此模式下，电机作为发动机工作）。

③ 如果电制动过程中牵引电机产生的电能无法馈入接触网电源系统，电流则将馈入制动电阻，并转换为热能。制动电阻配有冷却风扇。

④ 每节动车安装有一台制动电阻箱。制动电阻与牵引逆变器相连，每个制动电阻均受制动斩波器的控制。

六、辅助系统

1. 辅助电源

辅助电源系统为安装在车辆上的无法直接与接触网连接的负载设备提供电源。

2. 辅助逆变器

（1）辅助逆变器负责提供：车辆上所有三相负载 380 V AC 50 Hz 的电源；110 V DC 负载电源及蓄电池充电用 110 V DC 辅助电源。

（2）全列车布置 2 台辅助逆变器，即每个单元布置一台，辅助逆变器箱中包括了蓄电池充电器。提供所有部件所需的 380 V AC（220 V AC）、110 V DC 电源。

（3）辅助逆变器将 1 500 V DC 转换成列车辅助系统负载所需的 380 V AC（220 V AC）、110 V DC 电源，两台辅助逆变器交流供电采用扩展供电方式。

① 交流供电。

由辅助逆变器供电的 AC 负载有：空气压缩机、空调、设备通风（制动电阻风机）、AC 220 V 方便插座。

② 直流供电。

直流负载是通过充电器或者 Tc 车上的蓄电池进行供电的。蓄电池之间是通过二极管进行相互隔离的。直流负载主要分为：

a. 永久负载。

为了能通过司机室里一个开关激活列车，即使列车在没有激活的状态下，永久负载列车线必须一直有电。永久负载包括以下负载：列车激活回路、列车激活监控环路。

b. 正常负载。

如果蓄电池电压低于限界值（91 V），则蓄电池主接触器将打开，常用直流电源从蓄电池处断开。当蓄电池电压升高至限界值（104 V）以上时，两种电源将自动切换回来。

3. 辅助逆变器故障应对措施

当某台辅助逆变器发生故障，故障逆变器将通过切断相应的输出接触器来使故障逆变器与列车三相母线隔离。

（1）一台辅助逆变器故障 。

① 当一台辅助逆变器发生故障时，由 TCMS 系统发出扩展允许信号，安装在 M1 车的扩展接触器将闭合，由没有故障的辅助逆变器为全列车的负载供电。

② 列车控制系统控制空调单元运行在半冷状态，即每个空调单元切除一台压缩机，整个空调机组只有一台压缩机具有制冷能力；若处于冬季采暖模式，制热功能将不受影响。

（2）两台辅助逆变器故障。

① 如果两台辅助逆变器均发生故障，或者由于其他某些原因不能启动（如辅助逆变器输入端没有电压），蓄电池将提供约 45 min 的紧急供电。

② 两台辅助逆变器均发生故障或均不能启动，需要引导乘客下车，并通知 OCC。

4. 车辆控制

每个 Tc 车继电器柜中都有一个车辆控制单元（VCM），为列车 TCMS 系统中央控制单元，如图 2-31 所示。

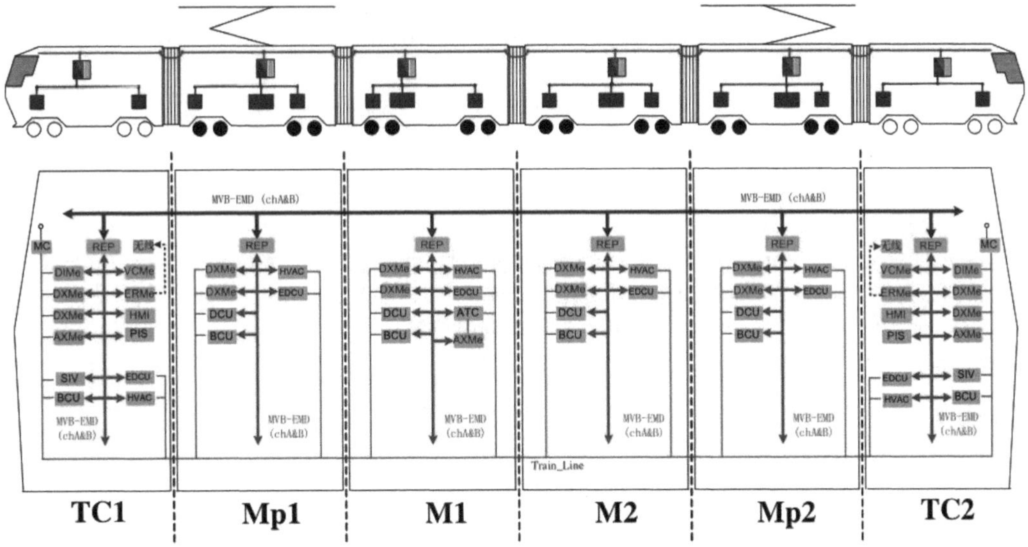

图 2-31　列车 TCMS 系统中央控制单元

七、走行部设备

1. 车底设备分布

（1）A 车车底设备主要有：4 个附加风缸、1 个网关阀、1 个智能阀、储风缸（主风缸、制动风缸、辅助风缸）、2 个蓄电池箱、辅助电源箱等。

（2）B 车车底设备主要有：4 个附加风缸、2 个智能阀、储风缸（主风缸、制动风缸、辅助风缸）、牵引逆变器、高压电器箱、过压吸收电阻等。

（3）C 车车底设备主要有：4 个附加风缸、1 个网关阀、1 个智能阀、储风缸（主风缸、制动风缸、辅助风缸）、牵引逆变器、空压机、过压吸收电阻等。

2. 转向架

每个动力车（Mp 车和 M 车）都配备了两个动车转向架，而每个拖车（Tc 车）都配备两个拖车转向架。动车转向架及拖车转向架的设计基本相同，其中：动车转向架配备了牵引驱动系统，拖车转向架配备了轮缘润滑、信号天线安装等装置。

（1）转向架布置

转向架在车辆上的位置如图 2-32 所示。

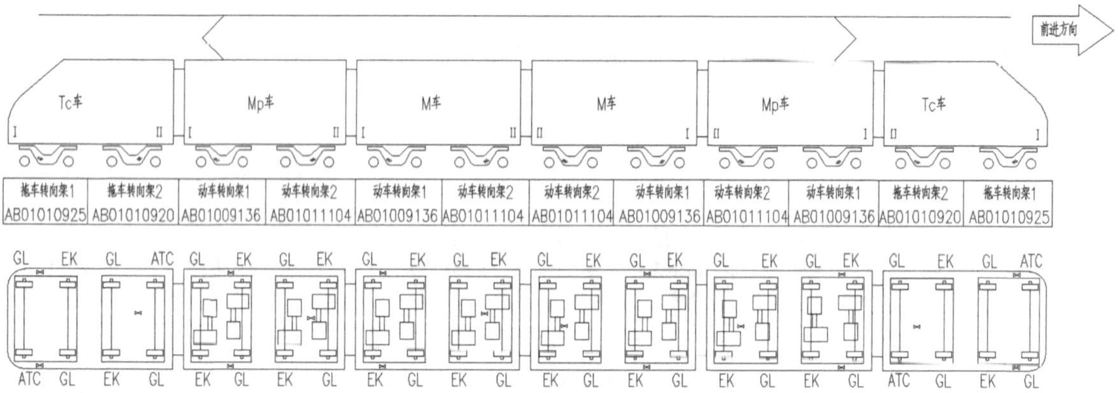

GL—轴箱端部安装BECU速度传感器；EK—安装接地装置

ATC—轴箱端部安装编码里程计；⋈—高度调节阀

图 2-32　转向架位置

（2）转向架结构

转向架结构如图 2-33、图 2-34、图 2-35、图 2-36 所示。

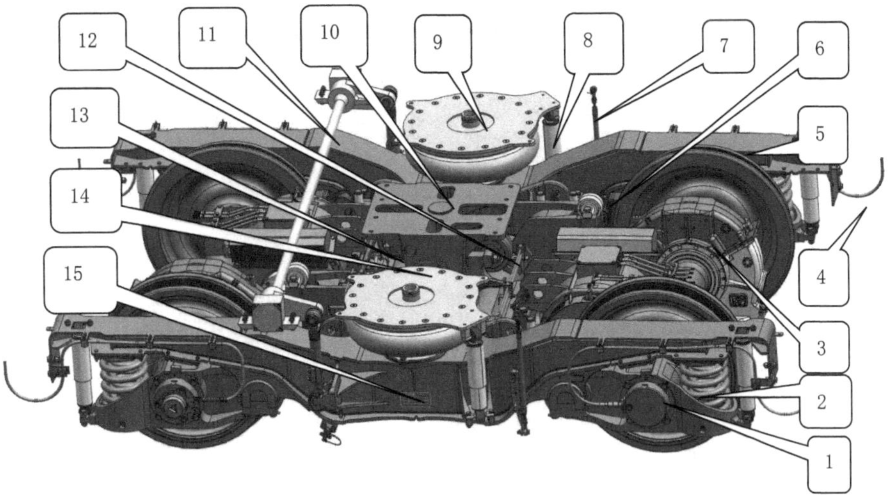

1.动车轮对轴箱组装；2.一系悬挂装置（动车1）；3.驱动单元；4.动车转向架布线2；
5.构架；6.基础制动单元安装；7.高度调节装置（二阀）；8.二系垂向减振器安装；
9.二系悬挂装置；10.牵引装置；11.抗侧滚装置；12.动车转向架空气管路；
13.起吊装置；14.横向悬挂装置；15.动车转向架设备标识

图 2-33　动车转向架 1

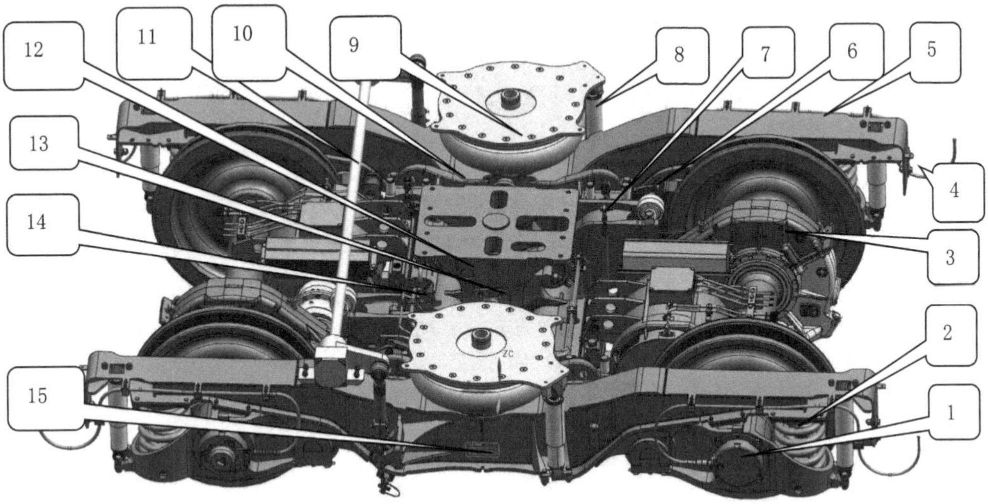

1.动车轮对轴箱组装；2.一系悬挂装置（动车2）；3.驱动单元；4.动车转向架布线1；
5.构架（动车）；6.基础制动单元安装；7.高度调节装置（一阀）；8.二系垂向减振器安装；
9.二系悬挂装置；10.牵引装置；11.抗侧滚装置；12.起吊装置；13.横向悬挂装置；
14.动车转向架空气管路；15.动车转向架设备标识；

图 2-34　动车转向架 2

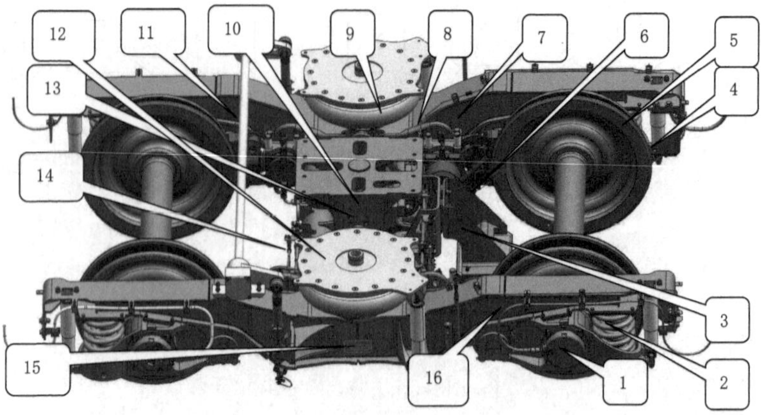

1.拖车轮对轴箱组装；2.一系悬挂装置（拖车1）；3.BTM天线安装；4.轮缘润滑装置；
5.构架（拖车）；6.基础制动单元安装；7.高度调节装置（二阀）；8.二系垂向减振器安装；
9.二系悬挂装置；10.牵引装置；11.抗侧滚装置；12.起吊装置；
13.横向悬挂装置；14.拖车转向架空气管路；15.拖车转向架设备标识；16.拖车转向架布线

图 2-35　拖车转向架 1

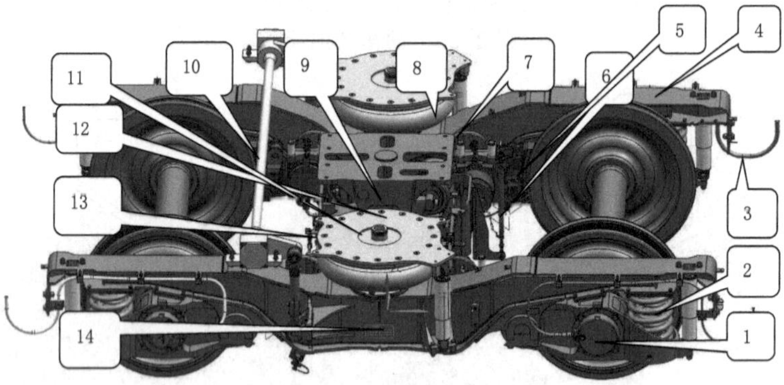

1.拖车轮对轴箱组装；2.一系悬挂装置（拖车2）；3.拖车转向架布线；4.构架（拖车）；
5.基础制动单元安装；6.高度调节装置（一阀）；7.二系垂向减振器安装；8.二系悬挂装置；
9.牵引装置；10.抗侧滚装置；11.起吊装置；12.横向悬挂装置；
13.拖车转向架空气管路；14.拖车转向架设备标识

图 2-36　拖车转向架 2

第四节　信号系统

本节主要介绍轨道列车信号系统方面的知识，内容包含信号系统的作用、信号系统基础设备的组成、信号系统概念、各类情况下的信号显示意义以及信号系统级别的选择。

通过对本节的学习，了解信号系统的构成、基础信号系统设备功能和信号系统级别的转换；掌握信号系统中的各类特性，为处理信号故障提供技术支持，提高信号故障处理效率；同时明确各类情况下的信号（手信号）显示时机和意义，避免出现未按信号行车或冒进信号的事件发生。

一、信号系统概述

1. 信号的作用及意义

在城市轨道交通运输系统中，信号指示列车的运行和调车作业的命令，向行车指示有关运行条件，对行车运行方向、运行间隔、运行进路及运行速度进行控制。地铁信号不仅是保证行车安全、提高运输效率的重要设备，而且是指挥行车、实现地铁自动控制与远程控制的重要手段。

城市轨道交通信号系统一般由正线和车辆段两大部分组成，其中正线信号系统是指列车自动控制系统（ATC），主要由列车自动保护系统（ATP）、列车自动驾驶系统（ATO）、列车自动监视系统（ATS）及计算机联锁系统四个子系统构成。车辆段信号系统一般采用计算机联锁。

2. 城市轨道交通信号的作用

（1）确保列车运行的安全，防止追尾和冲突。先进的轨道交通信号系统能有效地对列车运行方向、运行间隔、运行进路及运行速度进行控制，防止列车出现追尾、冲突等事件。

（2）提高运行效率。信号系统通过高速的数据传输方式，先进的移动闭塞系统及各种清晰、明了的信号显示，有效压缩列车运行间隔以提高列车运行效率。

（3）实现列车运行的自动化。信号系统对列车运行的各种数据进行收集、分析，根据不同的情况自动完成对列车的启动、牵引、惰行和制动，送出车门和站台门同步开关信号等指令，实现列车运行自动化。

（4）轨道交通信号系统是由各类信号显示、轨道电路、道岔转辙装置等主体设备及其他有关附属设施构成的一个完整的体系，是信号（显示）、闭塞、联锁的总称。

二、信号系统基础设备

城市轨道交通信号系统的基础设备主要有继电器、信号机、轨道电路、转辙机、应答器、计轴器等。它们是城市轨道交通信号系统的重要基础设备，是信号系统正常运行和充分发挥效能的保证。

1. 继电器（见图 2-37）

继电器用于接通和断开电路，用以发布控制命令和反映设备状态，以构成自动控制和远程控制电路。城市轨道交通信号系统中广泛采用的继电器，称为信号继电器，它在运用中的安全和可靠，是保证各种信号设备正常使用的必要条件。

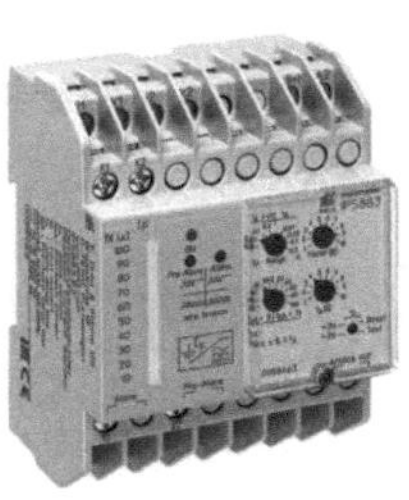

图 2-37　继电器

2. 信号机（见图 2-38）

（1）信号机的作用是指挥列车，以保证列车的行车安全。列车必须绝对执行信号机显示的命令。城市轨道交通的信号机采用色灯信号机。

（2）色灯信号机是以其显示灯光的颜色、数目来表示信号。按色灯信号机支柱的高矮，有高柱、矮柱两种类型；按信号灯的数目，有二显示、三显示和多显示之分。

图 2-38　信号机

3. 轨道电路

轨道电路是利用钢轨线路与钢轨绝缘构成的电路，它是用来监督线路的占用情况，将列车运行与信号显示联系起来。轨道电路由钢轨、绝缘节、轨端接续线、发送端、接收端（轨道继电器）等组成，其性能直接影响行车安全和运输效率。轨道电路结构图如图 2-39 所示。

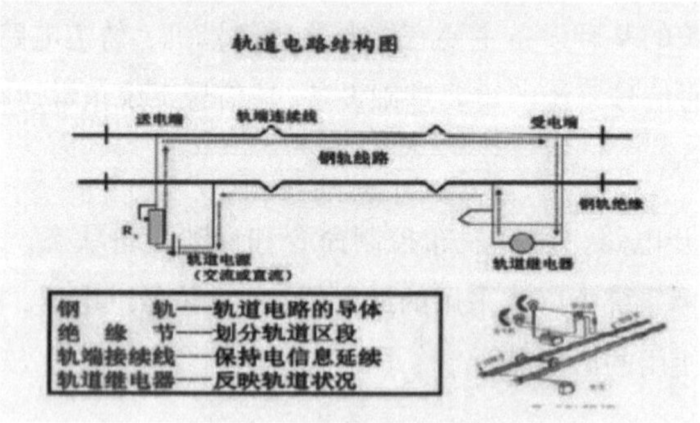

图 2-39　轨道电路结构图

4. 转辙机（见图 2-40）

转辙机用于实现对道岔的转换和锁闭，能正确地反映道岔的实际位置。当道岔的尖轨密贴于基本轨后，能给出相应的指示；当道岔被挤或因故处于四开位置时，能及时给出报警或表示，是直接关系行车安全的设备。

图 2-40　转辙机

5. **应答器**（见图 2-41）

在两股钢轨之间安装有许许多多的黄色小匣子，即地面应答器。应答器也称信标，当列车头部运行到地面应答器的上方时，列车两端驾驶室下方安装的车载应答器天线便会发出电磁能量到地面应答器，地面应答器便会将该能量转换为工作电源，使应答器内部的电子单元开始工作，将其内部所存储的线路、速度等信息发送给列车。

图 2-41　应答器

6. **计轴器**（见图 2-42）

计轴器是一种通过检测和比较进入和离开轨道区段的列车车轴数，来判断相应轨道区段的空闲 / 占用状态，并将判断的结果经继电器输出到轨道状态检测设备。计轴器由室内设备和室外设备组成。室内设备有运算器、继电器等，或者采用微机构成的主机系统，室外设备有车轮传感器和轨旁接线盒，室内设备和室外设备采用传输线路连接。

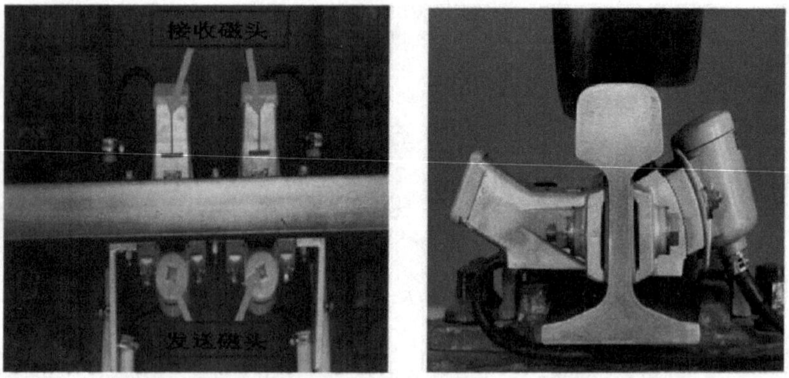

图 2-42　计轴器

三、基础名词解释

1. 信号。信号是指挥列车运行的信息。用技术手段保证行车安全、提高行车效率的系统称为信号系统。

2. 进路。在车站范围及区间线路上列车由某一指定地点(始端信号机)运行到另一指定地点(终端信号机)所经过的路段。

3. 联锁。在信号机、道岔及进路之间建立的相互制约的关系。目的就是当一条进路建立后,防止其他进路进入该进路,保证该进路的行车安全。

4. 闭塞。按照一定的规律组织列车在区间内运行的方法。

5. 长进路。具有延时保护区段的进路,称为长进路。一般为跨联锁区之间的进路。

6. 短进路。具有非延时保护区段的进路,称为短进路。一般为本联锁区里的进路。

7. 联锁站。是指有 SICAS 联锁计算机设备的车站。

8. 设备站。是指有与现场信号机、道岔设备连接的联锁接口设备(不含联锁计算机)的车站。

9. 轨道电路。将两条钢轨作为导线,在一定长度的钢轨两端装设绝缘节,在送电端接上电源和在受电端接上继电器而构成的电路,称为轨道电路。用于轨道区段空闲及占用监测,通过轨道区段可判断出列车的位置及运行情况。

10. 转辙机。是指可转换道岔至左位或右位的装置。用于列车换线、换向行驶。

11. 信号机。用于指挥列车的运行,信号开放时允许列车通过进路,信号关闭时禁止列车通过进路。

12. 进路的基本要素(元素)。信号机、道岔及轨道电路(轨道区段)。

13. 紧急制动。考虑各种相关因素必需的最大停车距离的故障 - 安全制动。一旦实施紧急制动,中途不可缓解。

14. 故障 - 安全。安全苛求系统的一个设计准则,硬件故障或软件错误时防止系统呈现或维持一种不安全状态,或者使系统倒向安全状态。

15. 允许速度。列车运行过程中允许达到的最高安全速度。

16. 目标速度。列车运行前方目标点允许的最高速度。

17. 目标距离。列车前端至运行前方目标点的距离。

18. 固定限速。由线路结构及道岔位置确定的最高运行速度。

19. 冒进防护。列车越过禁止信号立即触发紧急制动。

20. 固定闭塞运行。配合点式通信通道，列车根据固定闭塞原理分隔，并受车载 ATP/ATO 控制。固定闭塞运行也是移动闭塞运行的后备模式。

21. 移动闭塞运行。配合连续通信通道，列车根据移动闭塞原理分隔，提供最小运行间隔，列车受 ATP/ATO 控制。

22. 列车运行自动控制（AC）系统。该系统自动控制列车行驶、确保列车安全和指挥列车驾驶。ATC 必须包括列车自动保护（ATP），可以包括列车自动监控（ATS）和列车自动驾驶（ATO）。

23. 列车自动保护（ATP）系统。作为列车自动控制系统的子系统，通过列车检测、列车间隔控制和联锁等实现对列车相撞、超速和其他危险的故障安全防护。

24. 列车自动监控（ ATS）系统。作为列车自动控制系统的子系统，监督列车、自动调整以保证列车按时刻表运行，提供调整服务数据以尽可能减少列车未正点运行造成的不便。

四、信号显示

1. 车辆段信号显示方式

（1）入段信号机显示方式如表 2-7 所示。

表 2-7 入段信号机显示方式

序号	信号灯显示	行车指示	备注
1	一个黄色灯光	允许进入车辆段（停车场）	
2	一个红色灯光	停止（禁止越过该信号机）	
3	一个红色灯光和一个黄色灯光	引导信号，允许越过该信号机，以不超过 15 km/h 的速度进入车辆段，并随时准备停车	黄、红灯位间设空灯位

（2）出段信号显示方式如表 2-8 所示。

表 2-8 出段信号机显示方式

序号	信号灯显示	行车指示	备 注
1	一个绿色灯光	允许越过该信号机运行	运行至正线转换轨一度停车
2	一个红色灯光	停止（禁止越过该信号机）	
3	一个黄色灯光和一个红色灯光	引导信号，允许越过该信号机	准许列车以不大于规定的速度运行到下一个顺向信号机并随时准备停车

（3）出库发车信号机显示方式见表 2-9。

表 2-9　出库发车信号机显示方式

序号	信号灯显示	行车指示	备 注
1	一个黄色灯光	允许越过该信号机运行	运行至出段信号机（出段停车标）前停车
2	一个红色灯光	停止（禁止越过该信号机）	
3	一个白色灯光	允许越过该信号机调车	仅作为调车信号使用

（4）车辆段内调车信号显示方式见表 2-10。

表 2-10　车辆段内调车信号显示方式

序号	信号灯显示	行车指示	备 注
1	一个蓝色灯光	禁止越过该信号机	
2	一个白色灯光	允许越过该信号机调车	可运行到下一个顺向调车信号机前

2. 正线信号系统的显示方式

（1）正线信号系统进路防护信号的显示见表 2-11。

表 2-11　正线信号系统进路防护信号的显示方式

序号	信号灯显示	行车指示	备 注
1	一个绿色灯光	允许越过该信号机	表示道岔已锁闭，进路中所有道岔开通直股，列车可以越过此信号机运行到下一个顺向信号机
2	一个黄色灯光	允许越过该信号机	表示道岔已锁闭，进路中至少有一组道岔开通侧股，列车可以不超过道岔侧向限速的速度越过此信号机运行到下一个顺向信号机
3	一个黄色灯光和一个红色灯光	引导信号，允许越过该信号机	准许列车以不大于规定的速度运行到下一个顺向信号机并随时准备停车
4	一个红色灯光	禁止越过该信号机	
5	灭灯	不允许非 CBTC 列车越过信号机	

3. 手信号

（1）特殊情况下，列车运行时应遵守下列手信号的显示见表 2-12。

表 2-12　手信号的显示方式

序号	手信号类别	显示方式	
		昼间	夜间（或隧道内）
1	停车信号：要求列车停车	展开的红色信号旗，无红色信号旗时，两臂高举头上，向两侧急剧摇动。	红色灯光，无红色灯光时，用白色灯光上、下急剧摇动

续表

序号	手信号类别	显示方式	
		昼间	夜间（或隧道内）
2	紧急停车信号：要求司机紧急停车	展开红旗下压数次，无信号旗时，两臂高举头上，向两侧急剧摇动。	红色灯光下压数次，无红色灯光时，用白色灯上下急剧摇动
3	减速信号：要求列车降低速度运行	展开的黄色信号旗，无黄色信号旗时，用绿色信号旗下压数次	黄色信号灯光，无黄色灯光时，用白色或绿色灯光下压数次
4	通过手信号：准许列车由车站通过	展开的绿色信号旗	绿色灯光
5	引导信号：准许列车进入车站或车辆段（停车场）	展开黄色信号旗高举头上左右摇动	黄色灯光高举头上左右摇动
6	降弓信号	左臂垂直高举，右臂前伸并左右水平重复摇动	白色灯光上下左右重复摇动
7	升弓信号	左臂垂直高举，右臂前伸上下重复摇动	白色灯光做圆形转动
8	好了信号：进路开通、某项作业完成的显示	用拢起信号旗或手臂做圆形转动	白色灯光做圆形转动
9	道岔开通信号：表示进路道岔准备妥当	绿色灯光高举头上左右小动	

（2）特殊情况下接发列车时显示手信号的时机和地点见表 2-13。

表 2-13　接发列车时显示手信号的时机和地点

手信号类别	何种情况下显示	显示时机	收回时机	显示地点
停车信号	需要列车在显示信号的地点前停车时	看见列车头部灯开始	列车停车后	站台头端墙站台门端门外方
紧急停车信号	工程车进站或通过车站出现危及行车安全情况；客车进站出现危及行车安全情况，但来不及按压站台 ESB 或 ESB 无效时	立即显示	列车停车后	就近显示
减速信号	发现列车超速时	立即显示	列车头部越过信号显示地点后	头端墙侧扶梯口，靠近紧急停车按钮附近
引导手信号	信号机故障，引导信号无法开放时	看见列车头部灯开始	列车头部越过信号显示地点后	站台头端墙，站台门与线路间站台上
好了信号	车站相关作业完成时		司机鸣笛回示后	列车运行方向前端 A 车第二个客室门的位置
道岔开通信号	车站（车辆段）须现场人工排列进路（如道岔故障及联锁故障等）时	进路排好时	列车头部越过信号显示地点后	安全避让点

注：开行装载有超长、超限、集重货物的工程列车时，车站须派员工在尾端墙附近监督运行。

（3）调车手信号见表 2-14。

表 2-14　调车手信号

序号	调车手信号	显示方式	
	类别	昼间	夜间（隧道）
1	停车信号	展开的红色信号旗，无红色信号旗时，两臂高举头上，向两侧急剧摇动	红色灯光，无红色灯光时，用白色灯光上、下急剧摇动
2	减速信号	展开的绿色信号旗下压数次	绿色灯光下压数次
3	指挥列车或车辆向显示人方向来的信号	展开绿色信号旗在下方左右摇动	绿色灯光在下方左右摇动
4	指挥列车或车辆向显示人反方向去的信号	展开的绿色信号旗上、下摇动	绿色灯光上、下摇动
5	指挥列车或车辆向显示人方向稍行移动的信号	左手拢起红色信号旗直立平举，右手展开的绿色信号旗在下方左右小摆动	绿色灯光下压数次后，再左右小动
6	向显示人反方向稍行移动的信号	左手拢起红色信号旗直立平举，右手展开的绿色信号旗在下方上、下小动。	绿色灯光平举上、下小动
7	三、二、一车距离信号：表示推进车辆的前端距被连挂车辆的距离	右手展开的绿色信号旗下压三、二、一次，分别表示距停留车三车（约 60 米）、二车（约 40 米）、一车（约 20 米）	绿色灯光平举下压三、二、一次
8	连挂作业	两臂高举头上，使拢起的手信号旗杆成水平末端相接	红、绿色灯光（无绿色灯用白色灯光代替）交互显示数次
9	试拉信号	按本表第 5 项或第 6 项的信号显示，当车辆启动后立即显示停车信号	
10	取消信号：通知前发信号取消	拢起的手信号旗，两臂于前下方交叉后，左右摇动数次	红色灯光做圆形转动后，上下摇动

（4）试验列车自动制动机的手信号显示方式如下：

① 制动：

昼间——用 0 拢起信号旗高举头上。

夜间（隧道）——白色灯高举。

② 缓解：

昼间——用拢起信号旗在下部左右摇动。

夜间（隧道）——白色灯光在下部左右摇动。

③ 试验完了（或其他作业完成）：

昼间——用拢起信号旗做圆形转动。

夜间（隧道）——白色灯光做圆形转动。

4. 音响信号

（1）音响信号，长声为 2 s，短声为 0.5 s，间隔为 1 s。重复鸣示时，须间隔 5 s 以上。

（2）客车、工程车等列车的鸣示方式，见表 2–15。

表 2–15 客车、工程车等列车的鸣示方式

序号	名称	鸣示方式	使用时机
1	起动注意信号	一长声——	① 列车起动或机车车辆前进时（双机牵引时，本务机车鸣笛后，尾部机车应回示，本务机车再鸣笛一长声后起动） ② 接近车站、鸣笛标、隧道、施工地点、黄色信号、引导信号、天气不良时 ③ 在区间停车后，继续运行时，通知车长 ④ 客车在检修及整备中，准备降下或升起受电弓
2	退行信号	二长声—— ——	客车、机车车辆、单机开始退行
3	召集信号	三长声—— —— ——	要求防护人员撤回时
4	呼唤信号	二短一长声・・——	① 客车或机车要求出入车场时 ② 在车站要求显示信号时
5	警报信号	一长三短声——・・・	① 发现线路有危及行车安全的不良处所时 ② 列车发生重大、大事故及其他需要救援情况时 ③ 列车在区间内停车后，不能立即运行，通知车长时
6	试验自动制动机复示信号	一短声・	① 试验制动机开始减压时 ② 接到试验制动结束的手信号，回答试风人员时 ③ 调车作业中，表示已接受调车长所发出的信号
7	缓解信号	二短声・・	试验制动机缓解时
8	紧急停车信号	连续短声・・・・・・	司机发现邻线发生障碍，向邻线上运行的列车发出紧急停车信号时，邻线轨道列车司机听到后，应立即紧急停车

5. 徒手信号

特殊情况下，列车运行时，有关人员应遵守手信号的显示，见表 2–16。

表 2–16 徒手信号

序号	徒手信号类别	显示方式
1	紧急停车信号（含停车信号）	两手臂高举头上，向两侧急剧摇动
2	三、二、一车信号	单臂平伸后，小臂竖直向外压直，反复三次为三车、二次为二车、一次为一车
3	连挂信号	紧握两拳头高举头上，拳心向里，两拳相碰数次
4	试拉信号	见本表第 5 项或第 6 项，当列车刚起动立即给停车信号
5	向显示人方向稍行移动	左手高举直伸，右手平伸小臂左右摇动
6	向显示人反方向稍行移动	左手高举直伸，右手向下斜伸，小臂上下摇动
7	发车（指示）信号（好了信号）	单臂向列车运行方向上弧圈做圆形转动

五、信号系统级别

1. 车辆段内使用计算机联锁设备，进路、信号机和道岔由车辆段控制中心（DCC）集中控制。

2. 正线使用列车自动控制系统（ATC），由以下 3 个子系统组成：

（1）列车自动监控子系统（ATS）。

（2）列车自动防护子系统（ATP）。

（3）列车自动驾驶子系统（ATO）。

3.ATS 设备：

（1）控制中心大厅有：2 套行调使用的 ATS 工作站（称为 MMI）、1 套值班主任使用的 ATS 工作站（MMI）等；其他打印室、运行图编辑室、培训室、中央信号设备室的设备从略。

（2）联锁集中站 ATS 主要包括以下设备：1 套本地 ATS 工作站（MMI）、若干发车指示器（DTI）等。

（3）非联锁集中站 ATS 主要设备有：1 套 ATS 显示终端、若干发车指示器（DTI）等。

（4）车辆段控制中心（DCC）配备一套 ATS 显示终端，可监视正线、车辆段站场实时显示。

（5）车辆段派班室设有一台 ATS 派班工作站，通过与中心 ATS 进行信息交换，能够提供车辆段列车出入计划以及派班计划显示与编辑。

4. 客车驾驶模式

（1）客车驾驶模式包括：

① 自动驾驶模式（移动闭塞 CBTC/ 准移动闭塞级别 ITC）；

②ATP 监督下的人工驾驶模式（移动闭塞 CBTC/ 准移动闭塞级别 ITC）；

③ 限制人工驾驶模式 RM；

④ 自动折返驾驶模式 AR；

⑤ 非限制人工驾驶模式 EUM/NRM。

（2）AM、CM、IAM、ICM、RM、AR 为信号提供的驾驶模式，EUM 为车辆提供的驾驶模式。车载 VOBC 设备上电后，在完成自检后进入“RM 模式”；车载 VOBC 设备在线路上运行时，列车在满足相应条件的情况下，将会依据司机预设的模式自动升级（当预设模式为非 AM、IAM 模式时，列车将自动升级至预设模式；当预设模式为 AM、IAM 模式时，待系统自动升级至 CM、ICM 模式后，司机将牵引 / 制动手柄至零位，再按压 ATO 发车按钮可进入 AM、IAM 模式）。

5. 准移动闭塞（ITC）级别

信号系统依靠“利用计轴系统检测列车进入和离开某固定轨道区域的情况来判断该区域是否被列车占用”的技术手段，提供两列列车被地面信号机隔离来确保列车安全间隔，列车通过应答器信息及环线应答器、有源应答器、指示的移动授权信息控制列车运行，该模式称为准移动闭塞 ITC 级别，该模式建立在联锁与车载 ATP 功能均正常的基础上。

（1）准移动闭塞 ITC 级别的激活需同时满足以下条件：

① 联锁可用；

② 客车已收到铺设在轨道上的环线应答器或者有源应答器的速度码信息；

③ 客车预设最高模式为 IAM 或 ICM；

④ 客车经过两个非环线应答器完成定位。

（2）ITC 级别下，客车车载设备将持续接收地面应答器中的位置信息及运行至下一环线应答器或者有源应答器的距离，用于控制列车定位及运行，当列车连续丢失两个应答器位置信息，IAM 或 ICM 模式运行中的客车会紧急制动，停车启动的客车 IAM 或 ICM 模式将不可用，司机需按压模式确认键后进入 RM 模式。需运行经过下一环线应答器或有源应答器后方能恢复 IAM 或 ICM 模式驾驶。

（3）客车在停站作业完毕后，需按压模式确认（DMI 提示开口确认）后方能驶离站台。

6. 联锁后备模式

具备联锁但不具备车载 ATP 功能的模式称为联锁后备模式，该模式列车控制完全由司机根据地面信号机显示人工驾驶。此模式下如 ATS 仍正常，ATS 对列车的调整功能将失效，ATS 其他功能仍有效。

（1）一条始端为实体信号机，终端为虚拟信号机的进路，对于非 CBTC 车，进路始端实体信号机亮红灯，未经行调授权不允许列车进入该进路，对于 CBTC 车，进路始端实体信号灭灯，列车可以凭车载信号进入该进路。

（2）非 CBTC 列车接近信号机区段时，信号机根据进路征用元素点亮信号机相应显示，行车的主体信号为地面信号。非 CBTC 列车越过信号机后信号机点亮红灯；在 CBTC 级别下的列车，接近信号机区段时信号机显示灭灯状态，行车的主体信号为车载信号。

（3）正线、试车线均设有计轴设备，通过比较进入和驶离区段端口计轴点的列车车轮轴数，来完成区段空闲与占用状态自动检查。当计轴设备受到干扰时，相应区段表示占用，此时需进行预复位操作，再组织人工划轴或列车压轴后，方可恢复正常计轴表示。

第五节　行车组织

本节主要介绍地铁行车有关的综合知识，内容包含行车基本原则、行车指挥原则、行车指挥构架的划分和作用、各类行车组织办法的实施要求、列车运行图、时刻表的原理，以及车站、车辆段的组成和相应设备的功能情况。

通过对本节的学习，了解行车组织和指挥原则，掌握运行图和时刻表的使用，熟悉各种条件下的行调命令，了解行车组织架构，了解车站分类、熟悉站台门的操作，了解车辆段的功能、熟悉车辆段各线路的作用，确保正线、车站、车辆段行车组织工作的安全。

一、行车组织的基本原则

（1）凡与列车运行有关的各部门要严格按照《运营时刻表》的要求组织本部门的行车工作，《运营时刻表》以运作命令或值班主任通过调度命令的形式发布。

（2）人工报点时，列车到、发、通过时刻的确认（系统能自动生成则以系统自动生成为准）：

① 到达时刻，以列车在规定位置停稳时为准；

② 出发时刻，以列车由车站前进启动不再停车时为准［由车辆段出发以在出段信号机（出段停车标）前规定的停车位置启动不再停车为准］；

③ 通过时刻，以列车最前部通过出站信号机时为准。

（3）行车时间以北京时间为准，从零时起计算，实行 24 小时制。行车日期划分：以零时为界，零时以前办妥的行车手续，零时以后仍视为有效。

（4）正线及辅助线属行调管理，车辆段线属运用调度管理，凡与正线相关或影响正线行车的作业，必须行调批准。

（5）空客车、工程车、救援车、调试车出入车辆段均按列车办理。

（6）在 ATC 系统正常情况下，客车以 AM 或 CM 模式驾驶，在 ATS 有计划运行图时，客车出段运行至转换轨时自动接收目的地码及车次信息；在不能接收或没有 ATS 计划运行图时，由行调人工输入目的地码和车次号。

（7）正常情况下，正线上司机凭车载信号显示或行调命令行车，按《运营时刻表》和 DTI 显示时分掌握运行及停站时间。

（8）非正常情况下行车时，司机应严格掌握进出站及通过道岔、线路限制等特殊地点的运行速度。

（9）客车在运行中司机应在前端牵引运行，如推进运行时，在前端驾驶室要有乘务人员或引导人员进行引导和监控列车运行。

（10）调度电话、无线电话用于行车工作联系，须使用标准用语。数字标准发音见表 2–17。

表 2–17　数字标准发音

1	2	3	4	5	6	7	8	9	0
yao	liang	san	si	wu	liu	guai	ba	jiu	dong
腰	两	三	四	五	六	拐	八	九	洞

（11）列车晚点统计方法：比照《运营时刻表》单程每列延误 2 min 以下为正点，行调应根据客车延误情况及时采取措施，调整客车运行；因列车调整需要，在两端站晚发的列车不计为晚点，但在单程运行过程中增晚 2 min 及以上时计为晚点。

（12）车辆段救援机车及各类抢修车辆，应处于整备待发状态。其工具备品应保持齐全整洁，作用良好。

（13）各单位应加强各类应急抢险响应，原则上，DCC 接到行调发布工程车救援命令后，救援工程车应 10 min 内完成整备作业，DCC 自接令起 20 min 之内组织救援工程车运行至出段信号机（出段停车标）前待令；组织段备电客车出段时，原则上 DCC 自接令起 15 min 之内组织电客车在出段信号机（出段停车标）前待令。

二、行车指挥的原则

（1）行车有关人员必须服从行调指挥，执行行调命令，行调必须严格按《运营时刻表》及本规则指挥行车，行车指挥工作中，因对本规则条文理解不同等原因发生争执时，在确保安全的前提下，先按行调命令执行。

（2）指挥列车运行的命令和口头指示，只能由行调发布（组织施工另有规定除外）。发布命令前应详细了解现场情况，听取有关人员意见。下列命令可使用列车无线调度电话 / 调度电话直接向司机、值班站长（行车值班员）、运用调度、客车队长发布，受令人必须原话复诵，未复诵或复诵不清楚的视为命令无效；同时向 2 个及以上受令人发布命令时，应指定其中一人复诵，其他人核对，确保无误。

（3）发布口头命令的内容有：

① 临时加开或停开列车（包括客车、工程车及救援列车）；

② 连续 2 列及以上停站客车在同一车站变通过时；

③ 线路临时限速 / 取消临时限速时；

④ 改变闭塞方式时；

⑤ 运营期间需要临时封锁、开通线路时；

⑥ 允许越过引导信号、禁止信号时（原则上一灯一令）；

⑦ 客车推进运行、退行、反方运行时，工程列车退行；

⑧ 行调认为有必要记录的命令。

（4）发布书面命令的内容有：

① 线路长期限速时 / 取消长期限速时（长期限速是指限速时间 24 h 及以上）；

② 因配合施工需要，车辆段（停车场）开出工程列车或调试列车时；

③ 非运营期间封锁、开通线路；

④ 行调认为有必要记录的命令。

（5）行调发布的命令，车辆段的司机、车长由运用调度负责传达；正线司机、车长由值班站长（值班员）负责传达，车站、车辆段传达给司机或其他有关人员的书面命令应盖有车站（车辆段）行车专用章，同时监听受令人复诵，确保调度命令准确传达。

（6）发令人应通过具备追溯功能的渠道发布行车调度命令，做到一事一令。行车调度命令分为书面命令和口头命令，书面命令包含纸质命令和电子命令。书面命令要素应包含发令日期、时间、命令号码、发令人、命令内容、受令人。口头命令要素应包含命令号码、命令内容、受令人，发令人应使用普通话和行车标准用语。受令人应复诵命令内容，命令记录应至少保存 1 年。口头命令及书面命令均须在《调度命令登记簿》内按照命令顺序填写；书面命令必须按照命令号顺序装订成册，做到不遗漏、不颠倒顺序。

（7）行调应掌握工程车的运行，了解装卸作业进度，检查工程车进出作业区域的情况，确保安全。

三、行车指挥的构架

（1）行车指挥执行层次（见图 2–43）

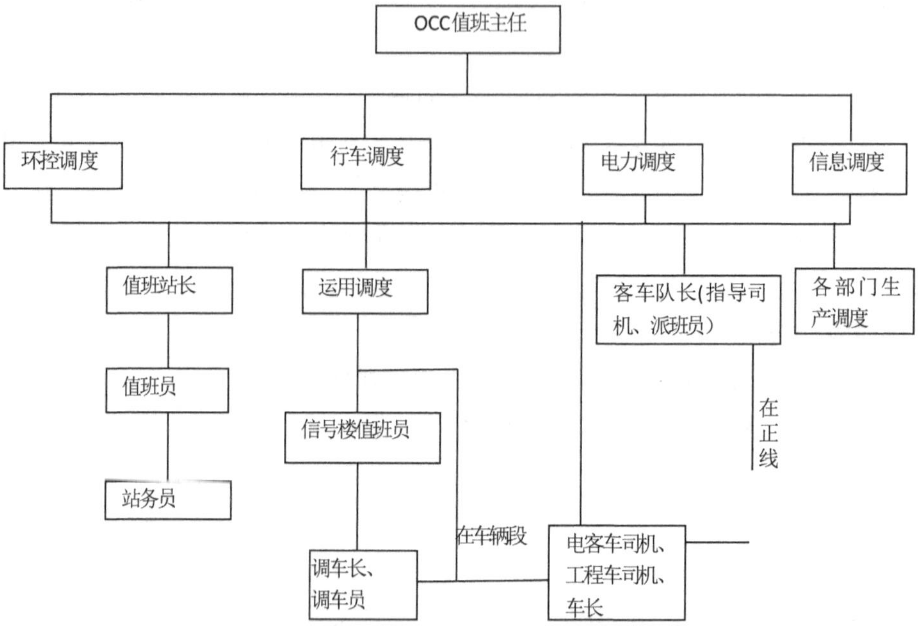

图 2–43　行车指挥执行层次图

（2）运营指挥机构：

运营指挥分为一级、二级两个指挥层级；二级服从一级指挥。

① 一级指挥为：行调、电调、环调、信调。

② 二级指挥为：车站值班站长、运用调度、检修调度、各部门生产调度。

（3）运营控制中心（OCC）：

①OCC 是日常运营、设备维护、行车组织的指挥中心。

②OCC 是运营信息收发中心。

③OCC 代表运营公司总经理指挥运营工作，代表公司与外界协调联络地铁运营支援工作。

（4）车辆段控制中心（DCC）：

①DCC 是车辆段运作管理及车辆维修中心，DCC 设有运用调度、检修调度、信号楼值班员。

②DCC 负责车辆段范围内的行车组织、维修施工管理。

③DCC 负责车辆日常检修、清洁、定修和临修工作控制，为地铁运营及设备维修施工提供数量足够和工况良好的客车和工程列车。

（5）OCC、DCC 及车站的指挥工作关系：

① 值班主任是 OCC 当值调度班组长，各调度由值班主任协调统一指挥。在发生事件、事故时，各调度须及时报告相关信息并向值班主任提供本岗位的应急处理方案。

② 行车工作由行调统一指挥。

③ 供电设备运作由电调统一指挥。

④ 环控和防灾报警设备运作由环调统一指挥。

⑤ 信息调度负责管辖线路内信息的收集与发布工作。

⑥ 行车设备的维护和故障处理由行调统一指挥；在封锁范围内，可授权或指定相关专业现场负责人指挥。

⑦ 车站的行车工作由值班站长统一指挥，车辆段行车工作由运用调度统一指挥。

⑧ 客车上的员工由司机负责指挥，工程列车上的员工由车长负责指挥。

⑨ 正线发生行车设备故障，车站值班站长（值班员）应及时报告行调，由行调通知各相关专业调度 / 值班人员派人组织抢修。

四、行车组织的办法

值班主任须根据信号系统所具备的模式决定行车组织法组织行车：当信号系统具备 CBTC 级别时，采用移动闭塞法组织行车；当信号系统不具备 CBTC 级别，但具备准移动闭塞（ITC）级别或联锁后备模式时，采用固定闭塞法组织行车。

（1）移动闭塞法（CBTC 级别）。

① 客车正常驾驶模式为 AM 或 CM，凭车载信号的指示运行。

② 移动闭塞法为基本行车组织法，各有关部门没有接到行调改变行车组织法的调度命令，均按移动闭塞法组织运营。

（2）准移动闭塞（ITC）级别。

客车正常驾驶模式为 IAM 或 ICM，凭车载和地面信号的指示运行。

（3）固定闭塞法。

① 一条进路内两个同方向相邻信号机间只允许一列车占用（列车救援时除外），列车凭地面信号机的显示运行。

② 当信号系统仅具备联锁后备模式时，客车按联锁后备模式运行，正常驾驶模式为 EUM 限速 55 km/h，在线路原限速低于 55 km/h 以下的，按线路实际限速要求运行。原则上载客列车须保证一人驾驶一人监控（如只有一人驾驶时由车站安排引导人员上车添乘，车站确实无法派出列车引导员添乘时，该列车按限速 40 km/h 运行，有特殊规定的除外），空客车一人驾驶时允许不派引导人员添乘，但需对该列车进行严密监控，该列车按限速 40 km/h 运行。

③ 当信号系统仅具备联锁后备模式时，OCC 及沿途各车站应严密监控列车运行状态，严格控制列车间隔，确保列车与前车有一站一区间空闲，必要时采用控制措施通知司机降低速度运行或

在站扣停，确保安全。

④ 采用固定闭塞法组织行车时，轨道列车司机必须加强对地面信号机的瞭望，发现禁止信号时立即采取停车措施。

五、列车运行图

列车运行图是行车、运行的综合性计划和执行工具，如图 2-44 所示。

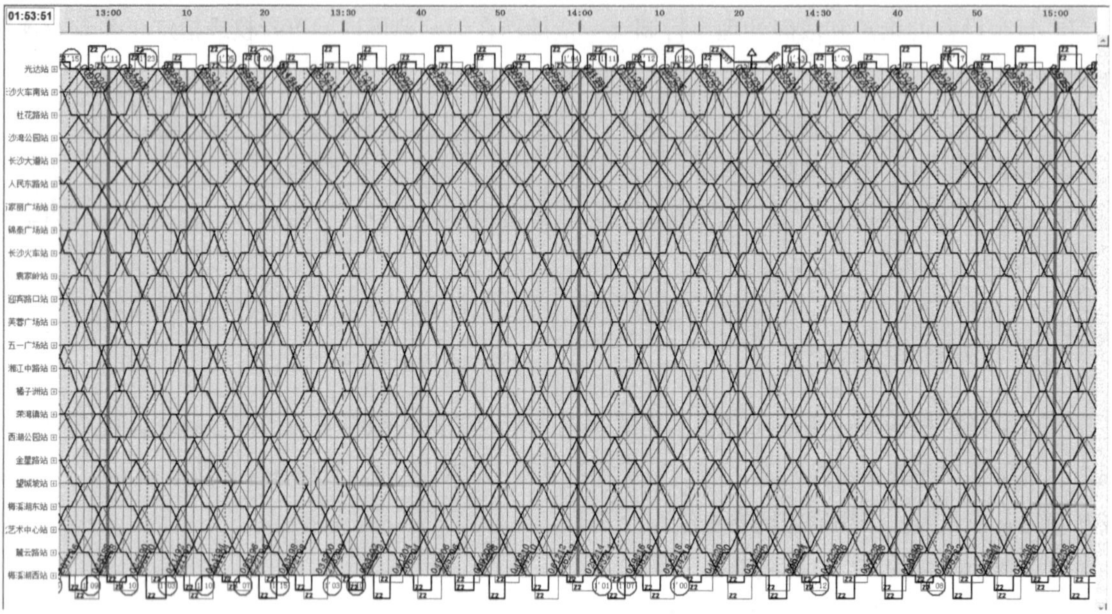

图 2-44　列车运行图

（1）基本概念：

① 列车运行图：是利用坐标原理表示列车运行状况的一种图解形式，是根据运营时刻表铺画的运行图。

② 行车时间：以北京时间为准，从零时起计算实行 24 小时制。行车日期的划分是以零时为界，零时以前办妥的行车手续，零时以后仍视为有效。

（2）列车运行图的作用：

列车运行图规定了各次列车占用区间的顺序、列车在一个车站到达和出发（或通过）的时刻、列车在区间的运行时分、列车在车站的停站时分、折返站列车折返作业时间及出入段时刻。在保证城市轨道交通运营各部门的相互配合和协调动作上起到了重要的组织作用。

（3）列车运行图的分类：

① 按区间正线数分：单线运行图和双线运行图。

② 按列车之间运行速度差异分：平行运行图和非平行运行图。

③ 按上下行方向的列车数分：成对运行图和不成对运行图。

④ 按同方向列车运行方式分：连发运行图和追踪运行图。

⑤ 按使用范围分：日常运行图、节假日运行图、其他特殊运行图。

⑥ 城市轨道交通系统的列车运行图因其系统特征所致，一般均为双线成对追踪平行运行图。

（4）列车运行图的图解表示要素：

① 横坐标：表示时间变量，按要求用一定的比例进行时间划分，一般城市轨道交通列车运行图采用 1 分格或 2 分格，即每等分表示 1 min 或 2 min 时间。

② 纵坐标：表示距离分割，根据区间实际里程，采用规定的比例，以车站中心线所在位置进行距离定点。

③ 垂直线：是一族平行的等分线，表示时间等分段。

④ 水平线：是一族平行的不等分线，表示各个车站中心线所在的位置。

⑤ 斜线：列车运行轨迹（径路）线，一般规定上斜线表示上行列车，下斜线表示下行列车。

⑥ 在列车运行图上，列车运行线与车站的交点即表示该列车到达、出发或通过的时刻。由于城市轨道交通列车停站时间较短，一般不标明到、发时间。

⑦ 在列车运行图上，每个列车均有不同的车号与车次。一般按不同的列车类别规定代号与列车号。如专运列车、客运列车、施工列车等；按发车顺序编列车车次，上行采用双数，下行采用单数。

六、时刻表

（1）时刻表概述。

运营时刻表是列车在车站（车辆基地）出发、到达（或通过）及折返时刻的集合。时刻表执行说明是时刻表具体事项的补充说明，包括了运营服务时间、首尾班车时间、上线列数、备用车数量、存放位置，列车出入车辆基地运行经路、接运安排、特殊车次（扣点、通过、中途折返）要求，时刻表开行列次、运送能力等。

（2）时刻表参数。

① 行车周期：列车从始发站出发至下一次回到始发站出发所需的时间。

计算公式：行车周期 = 单程运行时分 ×2 +车站停站时分+两端折返时分。

② 行车间隔 = 行车周期 ÷ 上线列车数。

上线列数 = 行车周期 ÷ 行车间隔；

行车周期 = 行车间隔 × 上线列数。

③ 列车旅行速度：指列车在区段内运行，包括在中间站停站时间及其停车附加时间在内的平均速度。一般来讲，最高速度 80 km/h 的城市轨道线路，旅行速度可以达到 30 ~ 45 km/h；最高速度 120 km/h 的城市轨道线路，旅行速度≥ 55 km/h。

七、车站概况

（1）车站的功能：

① 乘客乘降、换乘的功能。

车站是客流的节点、乘客出行的基地、客流集散的场所，乘客上下车以及相关的作业都是在车站进行的，供乘客集散、候车、上车、下车及换乘，完成乘客从列车到城市街道的过渡。

② 列车完成运营行车需求、临时停放的功能。

列车按运营要求在车站完成到站停车、发车和通过的常规工作，某些车站还需要完成折返作业、停车检修、临时待避工作。

③ 为运营和技术人员提供工作环境。

车站是轨道交通线路的电气设备、信号设备、控制设备等集中的场所，也是运营、管理人员工作的场所。

（2）车站的分类：

① 根据车站交通重要性影响因素与城市区位影响因素的综合考虑，将车站划分为四类，Ⅰ类、Ⅱ类、Ⅲ类和Ⅳ类。

② 按与地面相对位置，修建位置分为三类：地下车站、地面车站、高架车站。如图 2–45 所示。

a. 地下车站。地下车站是指主体线路、主体建筑和设备设施设置位于地面之下的城市轨道交通车站，是目前轨道交通线路中最常见的车站类型，选择地下设站的直接原因就是车站所在轨道路线是铺设于地面之下的。

b. 地面车站。地面车站是指线路、主体建筑和设施设备设置在地面的车站。地面车站会架设天桥或修建地道供行人穿越轨道线路使用，地面车站中的候车厅和站台之间有等高的，也有有相对落差的。

c. 高架车站。高架车站是指线路、主体建筑和设备设施设置在高架桥上的车站。高架车站是站台等车站设施皆架设于高架构造物之上、离地面有一定高空落差距离的城市轨道交通车站。

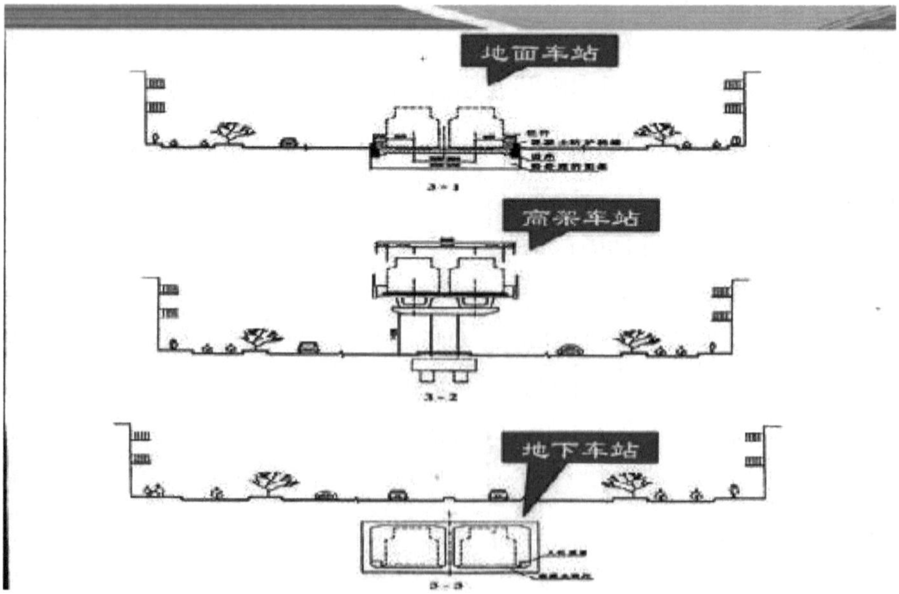

图 2–45 地下车站、地面车站、高架车站

③ 按运营性质分为四类：起 / 终点站、一般中间站、中间折返站、换乘站。

④ 按站台形式分为三类：岛式，侧式，岛、侧混合式。

a. 岛式车站。岛式车站的站台位于上、下行行车线路之间，一般设置在地下车站，乘客通过站厅进入上、下行共同站台按运行方向侧候车。

b. 侧式车站。侧式车站的站台位于上、下行车线路的两侧，一般设置在高架车站和地面车站，乘客需要按运行方向进入对应的站台候车，如果方向错误需要通过天桥或者地下通道换到另一侧站台进行候车。

c. 岛、侧混合式车站。岛、侧混合式车站是将岛式站台及侧式站台设在一个车站内，一般设置在跨站台换乘的换乘站和站前折返的起 / 终点站，乘客需要通过天桥或者地下通道换到相应的站台进行换乘和候车。

（3）车站站台门概况。

① 车站站台均设有站台门。站台门由滑动门、固定门、应急门、端门组成，每侧站台共设 24 对与列车门对应的滑动门和两扇端门。滑动门编号原则以列车进站端起第一档门为 1 号门，第二档门为 2 号门，以此类推第二十四档门为 24 号门。每侧站台共设 6 对（12 扇）应急门，分别与客车的 6 节车厢相对应。

② 站台门开关门控制优先级从低到高为：系统级 < 站台级 < 手动操作。三种控制方式中包括五级操作，优先级从低到高为：系统级（信号系统）< 站台级（PSL 盘）< 站台级（IBP 盘）< 站台级（就地控制盒）< 手动操作级（站台侧和轨道侧手动解锁）。

③ 站台门与信号接口故障的处理：

a. 各有关部门须按照“先通后复”的原则处理站台门故障。

b. 原则上，站台门故障的现场确认和应急处理由车站负责。

c. 滑动门故障修复后，须利用下一列车进行一次相应侧的站台门开关门试验。

④故障处理应遵循以下原则：

a. 发生故障无法旁路时，应先发车再处理，司机报行调后凭站台人员好了信号以 RM 模式动车，如故障不能修复时，行调通知车站后续列车采用互锁解除接发。

b. 与信号系统联锁后，AM、CM 模式下站台门可实现与车门同步开关；车地无线通信正常时，IAM、ICM 模式下可实现站台门与车门同步开关；车地无线通信丢失时，IAM、ICM 模式下，司机需使用 PSL 开关站台门；RM、EUM 模式下，司机需使用 PSL 开关站台门；列车在反方向 CTC 模式运行时，可实现站台门与车门同步开关；列车在反方向非 CTC 模式下不能实现与车门同步开关，行调通知相关车站协助司机操作 PSL 开关站台门。

c. 列车到站后，出现整侧滑动门不能同步开 / 关时，司机操作 PSL 开 / 关站台门，并将情况报告行调。若后续列车仍出现不能同步开关时，由行车值班员将故障现象向行调及二级调度报告。

d. 当车站发生整侧滑动门故障不能开启时，行调可根据列车运行实际情况安排首趟列车不上下客作业（首末班车除外）。原则上不能组织连续两列车在同一车站通过，后续列车车站人工操作每节车打开 1 档滑动门组织上下客。

e. 单档或多档滑动门故障不能关闭时，车站必须设置安全防护栏或安排专人看护。

f. 车站凭行调指令使用互锁解除接发车。车站接行调指令后，通知列车运行方向的后方邻站在列车到达后向本站报点，后方邻站待列车上下客作业完毕后，立即向前方车站报点。车站接到后方站报点，通过站台头端墙直通电话或 800M 手持台通知站台人员操作互锁解除接发车。

⑤ PSL 操作流程。

a. 适用范围：当整侧滑动门无法正常开关或关闭锁锁紧信号不正常时，由列车驾驶员或者车务人员在站台操作 PSL。

b.PSL 盘示意图如图 2–46 所示。

图 2–46　PSL 盘示意图

c. 操作 PSL 注意事项：操作 PSL 互锁解除需要用 2 片钥匙，2 片钥匙相同可以互换使用，操作完 PSL 后，应拔出钥匙。

d. 操作 PSL 开门：用钥匙插入“PSL 自动 / 操作”孔，旋转到“操作”位置；此时“PSL 自动 / 操作允许指示”灯点亮；按“开门按钮”命令，对应侧站台所有滑动门开始打开，“所有门关闭锁紧指示”灯熄灭。

e. 操作 PSL 关门：操作完 PSL 开门后，滑动门全部打开，滑动门需要关门时，按“关门按钮”命令，对应侧站台所有站台门的滑动门开始关闭，当所有门关闭后“所有门关闭锁紧指示”灯点亮，操作完关门后，钥匙旋转到“自动”位并拔出。

f. 操作 PSL 互锁解除：用第 1 片钥匙插入“PSL 自动 / 操作”孔，旋转到“操作”位置，钥匙留在此位置；用第 2 片钥匙插入“PSL 互锁解除”孔，旋转到“开”位，此时“互锁解除指示”灯点亮，若此时松开则“互锁解除指示”灯熄灭。操作 PSL 互锁解除时需要一直保持“互锁解除指示”灯点亮，否则会影响列车进出站。操作完互锁解除后 2 片钥匙旋转到“自动”和“关”位并拔出。

八、车辆段概况

（1）车辆基地设定原则：

① 车辆基地是城市轨道交通运营线路运用列车的编组、停放、整备、列检和进行各种定期修理，使列车各种设备经常保持良好状态，保证行车安全运行的重要管理、维修单位。城市轨道交通车辆基地分为检修车辆基地和停放车辆基地两种。

② 城市轨道交通每条线路宜设一个检修车辆基地，当线路长度超过 20 km 时，车辆基地至另一端的发车空行距离将增大，运营费用也将增加。这时可在线路一端设一个检修车辆基地，另一端适当位置设一个停放车辆基地。当技术经济合理时也可两条或两条线路以上共用一个车辆基地。

③ 车辆基地场址的确定要保证列车进入正线的安全性，可靠、方便、迅速、运营经济，要避开地质不良地段，要有利电力线路的架设及各种管路的引入和与道路的连接，场地的标高应具备自然的排水条件，还要留有远期的发展余地。与此同时，还应考虑与行车有关其他段场地安排。

④ 在城市轨道交通路网中，至少应有一个车辆基地设置与铁路相连接的专用线，以保证建设、运营期间需要进出的车辆有运输通道，确保各类物资材料进出的便捷性和经济性。

（2）车辆基地基本功能。

① 承担本线范围内列车乘务、停放、列检、洗刷、清扫及定期消毒等日常业务。乘务日常业务中包括司乘人员出、退勤前的技术交接，车辆日常维护中还应包括双周和三月检以及车辆一般性故障处理。

② 承担本线车辆的厂修、架修、定修。

③ 承担本线车辆运行中出现故障时的救援工作。包括列车脱轨、颠覆或接触网中断供电时，能迅速出动救援设备起复车辆，或将列车牵引到邻近车站或车辆，并排除线路故障，恢复行车。

④ 折返站乘务司机换班及派出列检。

⑤ 负责车辆基地内设备机具的维修和调机、工程车等的整备及维修。

⑥ 段内线路、调机的运行管理。

（3）车辆段主要线路配置。

设试车线、镟轮线、停车 / 列检线、定修 / 临修线、双周 / 三月检线、静调线、吹扫线、调机工程车线、洗车线、新车及材料装卸线、牵出线、联络线、预留停车列检库。各线路的运用及功能如下：

① 停车线：功能为运用列车停放时所使用的线路，定期维护及保养部门为综合机电部，使用管理为安全调度室；

② 列检线：功能为地铁列车日常维护保养及故障处理时所使用的线路，主要使用部门为检修车间，定期维护及保养部门为综合机电部，使用管理为安全调度室；

③ 镟轮线：功能为列车轮对镟修时所使用的线路，定期维护及保养部门为综合机电部，使用管理为安全调度室；

④ 静调线：功能为列车静态调试时所使用的线路，定期维护及保养部门为综合机电部，使用管理为安全调度室；

⑤ 吹扫线：功能为列车走形部定期吹扫时所使用的线路，定期维护及保养部门为综合机电部，使用管理为安全调度室；

⑥ 定修 / 临修线：功能为列车年修或临时故障处理时所使用的线路，定期维护及保养部门为综合机电部，使用管理为安全调度室；

⑦ 双周 / 三月检线：功能为列车进行双周检、月检、季检及年检时使用的线路，定期维护及保养部门为综合机电部，使用管理为安全调度室；

⑧ 调机工程车线：功能为存放调机及工程车辆，定期维护及保养部门为综合机电部，使用管理为安全调度室；

⑨ 试车线：功能为地铁列车或工程车辆动态调试时所使用的线路，试车线设备维护及保养部门为综合机电部和通号部，试车线使用管理部门为车辆部安全调度室；

⑩ 洗车线：功能为地铁列车清洗时所使用的线路，主要使用部门为车辆部检修车间。定期维护及保养部门为综合机电部，使用管理为安全调度室；

⑪ 牵出线：是指设在车辆段线路的尽头，并与到发线相连接专供列车解体、编组、待修及转线洗车等牵出车辆使用的线路，定期维护及保养部门为综合机电部，使用管理为安全调度室。

第三章　轨道列车司机操作技能

本章节介绍了轨道列车司机日常工作中各项作业标准和作业流程，包含了出退勤作业、整备作业、出入库作业、正线标准化作业、调车作业以及洗车作业。

通过对本章节的学习，了解各项作业的工作标准，熟练掌握作业流程，利用简单的安全口诀把握各项作业的关键点，在实际作业过程中，严格按照标准流程完成生产工作，注意人身安全，避免违章作业，确保行车安全，防止安全事故的发生。

第一节　出退勤作业

一、出退勤作业通用标准

（1）出乘前 10 小时，严禁饮酒或服用影响精神状态的药物，做好充分休息，值乘早班交路时，值乘司机应在公司公寓备班，保持精力充沛。

（2）司机应按相应交路表所规定的时间、地点到指定的出勤地点出勤。

（3）司机出勤前认真抄 / 阅调度命令、运行揭示及安全注意事项并做好行车预想。

（4）出乘应按规定着装，携带行车备品及规章文本。出勤时，原则上同机班人员需同时出勤。

（5）认真听取指导司机的行车指示，有疑问时必须问清楚，做好行车安全预想，做好行车备品的领用手续并确认其状态良好、齐全。

（6）段场出车司机需到段场派班室出勤，听取指导司机传达的注意事项，了解电客车停放股道及技术状态，领取《列车状态卡》、电客车钥匙、800M 手持台、《运营时刻表》等行车备品。

（7）正线出勤时须在《司机日志》上写明接车车次、上下行以及接车时间。

（8）车辆段出勤时须在《司机日志》上写明库内计划发车时间、列车停放股道、投入服务的上/下行车站及投入服务的时间，压道车司机还需了解前晚正线施工情况。

二、正线出退勤作业标准流程

正线出退勤作业内容及质量要求见表 3-1。

表 3-1　正线出退勤作业内容及质量要求

序号	项目	作业内容	质量要求
1	出勤	按规定出勤时间到达派班室	按规定着装，携带行车备品及规章文本，提前 10 分钟到达
2		出勤前抄/阅运行揭示、调度命令及安全注意事项	
3		在运行揭示签名表及状况表上签名，做好行车预想	
4		双手递交《司机日志》，敬礼："×× 交路申请出勤"	
5	退勤	递交《司机日志》《司机报单》并敬礼："×× 交路申请退勤"	如发生行车事件，需填写事件报告单

第二节　整备作业

一、列车整备作业通用标准

（1）到达规定的股道后，确认《列车状态卡》上的股道、车组号与现场相符，列车两端无警示标志，列车两边无异物侵限，有地沟的股道确认车底无人。

（2）严禁跨越地沟，进行走行部检查时必须在黄色安全线外，佩戴安全帽，谨防碰伤。

（3）检查列车时必须携带手电筒、800M 手持台，并严格按要求整备列车，列车没有经过整备严禁动车。

（4）升弓前，必须确认接触网有电，所有相关人员均在安全区域后，方可鸣笛升弓。

（5）受电弓升起后，严禁触摸电气带电部分、地沟检查及攀登车顶。

（6）采用目视、手动、耳听、口呼的方式，做好列车整备和试验，确保电客车在投入服务前，技术状态良好，如发现下列电客车故障，立即汇报检修调度。

（7）列车出段场前，司机严格按照本标准检查、试验列车，负责检查两端司机室、两侧走行部和客室内部，并在两端司机室进行功能试验。

二、整备作业安全口诀

（1）股道车号核实清，要按规定线路行，探身确认无旁人；

（2）鸣笛升弓开照明，轮轨状态先查清，制动试验要留心。

三、列车整备作业标准流程

列车整备作业标准流程

序号	项目	作业内容	质量要求
1	整备作业	非出库端司机室将“列车激活”开关置“合”位，合司机室照明开关，使用车载台报信号楼开始整备作业	确认蓄电池电压不低于 104 V，主风缸压力不低于 550 kPa
2		断负载将受电弓降下（若列车已升弓）	
3		车下检查（保持降弓状态）	
4		非出库端司机室静态检查	
5		非出库端司机室动态检查： ① 合“主控钥匙”开关；② 试灯试验；③ 紧急停车按钮试验（先降弓）；④ 升弓试验；⑤ 高速断路器试验；⑥ 停放制动试验；⑦ 客室照明试验；⑧ 前照明试验；⑨ 空调试验；⑩ 刮雨器试验；⑪ 乘客信息系统试验；⑫ 制动试验；⑬ 客室门试验	
6		客室检查	
7		出库端司机室静态检查	
8		出库端司机室动态检查： ① 合“主控钥匙”开关；② 试灯试验；③ 紧急停车按钮试验（先降弓）；④ 升弓试验；⑤ 高速断路器试验；⑥ 停放制动试验；⑦ 客室照明试验；⑧ 前照明试验；⑨ 空调试验；⑩ 刮雨器试验；⑪ 乘客信息系统试验；⑫ 制动试验；⑬ 客室门试验；⑭ 车载无线台试验（报告信号楼整备完毕）	

四、列车整备作业试验程序

（1）非出库端司机室检查：

① 将“列车激活”开关置“合”位，确认蓄电池电压不低于 104 V，主风缸压力不低于 550 kPa。

② 列车无线车载台试验。

③ 按电源按钮 1 秒以上开机，伴有一声“嘀”提示音，确认自检通过。

④ 电台开机，确认内容完整，字体无缺损。

⑤ 在待机状态下，按压“通话”键，与信号楼进行通话报告整备作业，并确认通话质量良好。

⑥ 若列车已升弓，断负载将受电弓降下。

（2）车下检查（保持降弓状态，在黄色安全线外检查，严禁触摸车下设备）。

（3）非出库端司机室静态检查。

（4）非出库端司机室动态检查。

① 合“主控钥匙”开关，确认以下指示灯亮：“空气制动施加”灯、“所有门关好”绿灯亮、“停

放制动施加”灯、“降弓”灯、“HSCB 分”灯，仪表灯亮，车辆屏、信号屏无故障显示。

② 试灯试验：按压“灯测试”按钮，确认各指示灯和发光按钮指示灯显示正常（除退行模式、RM 模式、ATP 模式、ATO 模式、自动折返模式按钮、ATC 切除指示灯外）。点击信号屏“灯测试”，退行模式、RM 模式、ATP 模式、ATO 模式、自动折返模式按钮指示灯亮。

③ 紧急停车按钮试验：

a. 方向手柄置“前”位，选择“RM 模式”，确认制动缸压力由（276 ± 20）kPa 下降到（185 ± 20）kPa；

b. 按压操纵台紧急停车按钮，确认制动缸压力由（185 ± 20）kPa 上升至（276 ± 20）kPa；

c. 鸣笛后，按压“升弓”按钮，受电弓不能升起；

d. 恢复紧急停车按钮，选择“RM 模式”，确认制动缸气压降至（185 ± 20）kPa。

另一个紧急停车按钮试验同以上步骤。

④ 升弓试验：按压“升弓”按钮，从 HMI 确认受电弓升起，网压正常，“升弓”按钮指示灯亮。

⑤ 停放制动试验：

a. 按压“停放制动缓解”按钮，“停放制动缓解”按钮指示灯亮，“停放制动施加”按钮指示灯灭，停放制动缓解；

b. 按压“停放制动施加”按钮，“停放制动施加”按钮指示灯亮，“停放制动缓解”按钮指示灯灭，停放制动施加（保持停放制动在“施加”状态）。

⑥ 高速断路器试验：按压“HSCB 合”按钮，确认 HMI 高断闭合，“HSCB 合”绿灯亮，按压“HSCB 分”按钮，确认 HMI 高断断开，“HSCB 分”红灯亮（保持高速断路器在分位）。

⑦ 客室照明试验：旋动客室照明开关至“合”位，客室照明指示绿灯亮，打开通道门确认客室照明灯全亮。检查完毕后保持客室照明开启。

⑧ 空调试验：按压“Tc 车空调开”按钮，“Tc 车空调开”绿色指示灯亮，（在车辆段内只开 Tc 车空调，进入正线后才开列车空调）。再按压“空调开”按钮，“空调开”绿色指示灯亮，待确认全列车空调启动后，保持合位。

⑨ 刮雨器试验：先按压刮雨器操作面板的“喷水”按钮，再操作刮雨器操作面板的“慢速”或“快速”旋钮开关，刮雨器摆动正常，打置“停止”位，刮雨器能复位。

⑩ 乘客信息系统试验：

a. 在车辆屏“设置”中选择“广播设置”，点击“ON”和“TCMS”且图标变亮；在车辆屏“设置”中选择“线路 / 车站选择”，进行起点站、终点站选择确认，返回主页。按压“离站广播”或“进站广播”，报站正确，系统工作正常；

b. 按压人工广播按钮，报站播音中断，按压麦克风上的 PTT 键进行测试，监听客室音量，人工广播正常。

⑪ 前照明试验：将头灯打至“远 / 近光”位，前照灯变亮 / 暗。

⑫ 制动试验：

a. 开主控钥匙确认车辆显示屏各车的气制动图标底色为黑色，列车气制动施加指示灯亮；

b. 方向手柄至“前”位，选择“RM 模式”，制动缸压力从（276 ± 20）kPa 下降到（185 ± 20）kPa；

c. 将主控手柄从“0”位拉至“制动”区，制动缸压力为（185 ± 20）kPa；

d. 拉至“全常用制动”位，制动缸压力上升至（232 ± 20）kPa；

e. 将主控手柄拉至“快速制动”位，制动缸压力上升至（276 ± 20）kPa；

f. 将主控手柄推回“全常用制动”位，制动缸压力下降至（232 ± 20）kPa；

g. 将主控手柄推回“制动”区，制动缸压力下降至（185 ± 20）kPa；

h. 将主控手柄推回“0”位　制动缸压力为（185 ± 20）kPa；

i. 将方向手柄拉至“后”位，按下“CBTC 取消”按钮，选择“RM 模式”，制动缸压力由（276 ± 20）kPa 下降到（185 ± 20）kPa。

⑬ 客室门试验：

a.RM 模式下，操作“CBTC 取消”按钮给出车门使能信号；

b. 确认开关门指示灯均亮，按压左侧“开门”按钮，“关门”指示绿灯灭，左侧所有车门打开，车辆显示屏左侧车门图标显示黑色。按压左侧“关门”按钮，客室车门蜂鸣器发出连续报警声，左侧“关门”指示灯亮，车门关闭，“所有门关好”指示绿灯亮，车辆显示屏左侧车门图标显示灰色；

c. 右侧车门试验与左侧车门试验程序相同。

（5）客室检查。

（6）出库端司机室静态检查。

（7）出库端司机室动态检查。

① 合“主控制器钥匙”开关；

② 试灯试验；

③ 紧急制动试验（先降弓）；

④ 升弓试验；

⑤ 高速断路器试验；

⑥ 停放制动试验；

⑦ 客室照明试验；

⑧ 空调试验；

⑨ 刮雨器试验；

⑩ 乘客信息系统试验；

⑪ 前照明试验；

⑫ 制动试验；

⑬ 客室门试验；

⑭ 车载无线台试验（报告信号楼整备完毕）。

注：

a. 出库前客室照明保持在合位，空调保持在合位，合高速断路器，缓解停放制动。

b. 司机在进出司机室过程中要及时锁闭司机室侧门和通道门。

c. 早班坐车出场的司机，必须从出场端司机室登乘列车。如有其他人员从非出场端上车，司机立即制止，报运用调度、派班室。

d. 列车整备作业完毕得到信号允许动车的命令后，确认信号显示正确，动车前需打开司机室两侧门，确认两侧无异常方可动车。

第三节　出入库作业

一、列车出入段作业通用标准

（1）列车整备完毕状态符合正线运用要求后，司机确认预选模式正确（正常情况下预选模式为 AM–C）、门模式开关位置正确（“半自动”位），与信号楼值班员联系出场，列车出段场凭证及速度要求按《车辆段 / 停车场运作规则》执行，出段场时以 AM/CM/RM 模式驾驶。

（2）严格控制速度，按规定速度运行，在库门、平交道口前一度停车，确认线路、库门状况良好后动车。

（3）从出 / 入段（场）线出段场：列车根据信号楼指令以 AM/CM/RM 驾驶模式运行至 X1801、S1802/X4113、S4202 信号机前停车，与行调核对列车车组号及车次后，按信号屏显示的推荐速度，以 AM/CM 模式驾驶客车运行至前方站，无推荐速度时，按行调指示动车。

（4）从出 / 入段（场）线回段场：列车到站，广播清客，确认车站的清客“好了”信号关门，按《运营时刻表》或行调命令以 AM/CM 模式运行至入段场信号机前一度停车，停稳后与信号楼联控并记录回库停放股道，确认信号正确，以 AM/CM 模式驾驶列车运行至推荐速度为零处后，信号屏提示确认回场，司机按压确认按钮后，模式降级为 RM 继续运行至规定股道。

（5）司机驾驶列车回场过程中必须严格执行手指口呼制度，认真确认道岔位置开通正确，进路安全。

（6）列车回场时在平交道口“一度停车”标前（列车车头距离“一度停车”标 5~10 m）一度停车，确认道口安全后动车。列车运行至库门前停车鸣笛，按规定限速进入相应的股道。

二、出入库安全口诀

（1）出库作业不懈怠，围绕车底看一看，一度停车需看清，动车限速要留心，上网下沟切留意，安全生产摆第一；

（2）出段作业需谨慎，车上车下要看清，手指口呼信号好，模式选定再运行，信号道岔需手指，集中精力要留神。

三、出库作业标准流程

出库作业内容及质量要求如表 3–2 所示。

表 3–2　出库作业内容及质量要求

序号	项目	作业内容	质量要求
1	出库	接信号楼发车指令	
2		司机回复信号楼	
3		确认各指示灯、双针压力表、网压值、空压机状态、信号屏显示、继电器柜各开关位置手指口呼“风压、网压、空压机正常”	
4		确认列车两侧无人员无异物侵限、道口安全、白 / 黄灯好	
5		平交道口一度停车，手指口呼“道口好”，限速 5 km/h 出库	确认平交道口无人无异物侵限
6		列车头部到达“尾部出清”标后，手指口呼“尾部出清”，提速至 20 km/h 运行	
7		运行至转换轨一度停车，联系行调	
8		行调发令后，在司机日志上记录行调命令并及时回复	
9		手指核对时刻表上投入服务的上 / 下行车站与行调命令一致，口呼“× × 站投入服务，沿途不开门”	备用车司机口呼“× × 站转备用，沿途不开门”
10		按行调命令凭信号以 AM/CM 模式动车	
11		车头接近投入服务站站名标时手指口呼“× × 站到，投入服务”	
12		备用车在进入存车线停稳后及时用 800M 手持台联系队长 / 派班指导司机	联控用语：“× × 车已在 × × 存车线停稳”
13		司机收到指导司机运营前的群呼提醒后依次回复并按要求确认：车门、站台门、客室照明、空调、广播、门模式，核对时间做好发车准备	
14		6：30 分后投入载客服务的列车在转换轨动车前须联系队长进行互控	确认正线调度命令及相关注意事项

四、入库作业标准流程

入库作业内容及质量要求如表 3–3 所示。

表 3–3　入库作业内容及质量要求

序号	项目	作业内容	质量要求
1	回库	到达终点站，凭站台清客“好了”信号关车门、站台门	
2		正常回段场时按《运营时刻表》执行高峰车、通勤车回段场时联系行调	
3		接行调命令后，在《司机日志》上记录行调命令并及时回复	

续表

序号	项目	作业内容	质量要求
4	回库	司机确认回段 / 场信号开放后以 AM 模式动车	退出服务或回段 / 场列车播放清客广播，回段 / 场车关闭客室照明与空调
5		在转换轨一度停车，联系信号楼，待信号楼回复	
6		司机接信号楼指令后，记录停车股道并回复	
7		站立确认信号开放，动车回段 / 场	
8		动车确认双针压力表、网压值、空压机状态正常后手指口呼“风压、网压、空压机正常”	
9		在平交道口一度停车，确认平交道口无人无异物侵限	手指口呼“道口好”，动车至库门前一度停车
10		确认安全后，鸣笛动车限速运行通过库门，密切注意列车前方线路状况	
11		运行到指定位置对标停稳后报信号楼	
12		按信号楼指令收车或保持热备	保持热备（分高断，施加停放制动，保持受电弓升起）
13		按规定填写《列车状态卡》，带齐行车备品下车	下车后关闭司机室侧门

第四节　正线标准化作业

一、驾驶作业中对轨道列车司机的要求

（1）精神集中，加强瞭望，注意观察仪表、指示灯、显示屏的显示和线路状态。

（2）严格执行各项作业标准，手指口呼与确认应做到内容完整、时机准确、动作标准、声音清晰，必要时与相关岗位做好联控。

（3）接到调度命令时，应逐句复诵，确认无误后认真执行；对调度命令有疑问时，应核实清楚后再认真执行。

二、正线标准化作业安全口诀

（1）提前接车站立正，车况命令必交清，电台钥匙随身带，下车不得抢先行；

（2）一确认停站对准，二呼唤左右车门，三上站台开关门，四看信号和车门；

（3）认真瞭望不分神，速度控制最重任，报站语音要听清，进路信号首确认。

三、驾驶作业标准流程

驾驶作业内容见表 3-4 所示。

表 3-4　驾驶作业内容

正线出勤	1	出勤前认真抄 / 阅调度命令、运行揭示及安全注意事项，并在运行揭示签名表及状况表上签名，做好行车预想
	2	（出退勤原则：先出后退）按规定着装，携带行车备品及规章文本，按规定出勤时间到正线派班室办理出勤手续
	3	将《司机日志》交给派班员 / 队长检查核对，无误后由派班员 / 队长盖章，领取电客车钥匙、800M 手持台、《运营时刻表》等行车备品并做好登记
	4	及时查阅最新下发的学习文件，并签名学习
正线驾驶	1	正线驾驶时，应将《运营时刻表》、800M 手持台、《电客车故障应急处理指南》《司机日志》《司机报单》置于司机台相应位置
	2	始发站开车前设置好广播并手指口呼“×× 站至 ×× 站广播正确”，确认车次及发车时间通过闭路电视监控系统监控屏确认后端通道门锁闭良好后，手指口呼“通道门正常”
	3	运行中不间断瞭望，监控司机台仪表、指示灯和显示屏的显示，发现异常及时采取措施遇区间道岔时手指口呼“道岔好”，遇信号机时手指口呼“灭灯”
	4	运行中司机坐姿端正，双脚平放，左手自然放在司机台，右手置于主控手柄旁，ATO 模式原则上不允许按压警惕按钮，不间断瞭望，监控列车状态发现危及行车安全时，及时采取有效措施
	5	车头接近站名标时手指口呼“×× 站到”，留意跳停图标显示（如需越站时，列车运行到站台中部口呼“×× 站通过”）
中间站作业	1	确认列车停稳，气制动施加灯亮，站台侧开门按钮指示灯亮，将主控手柄拉至“快制”位，手指确认 HMI 显示相应侧车门全部打开（黑色），呼“开左 / 右门”，手指确认 DMI 显示“站台门”蓝色图标点亮后，呼“站台门开启”
	2	到站台规定位置，手指最近端车门、站台门口呼“车门、站台门开启”（手臂伸直与身体成 90° 角）
	3	至少保持车门 / 站台门开启 10 秒
	4	确认乘客上下情况，把握关门时机，呼“关左 / 右门”，将头伸进司机室确认并按压相应侧关门按钮 2 秒以上（车门站台门关闭时，面对空隙，同时跨立在司机室和站台间，监控空隙情况）
	5	确认司机室所有门关好指示灯亮，呼“车门关好”，确认 PSL 盘上“所有门关闭且锁紧”绿色指示灯亮，呼“站台门关好”
	6	确认空隙无夹人夹物，手指口呼“空隙安全”（手指停顿 1~2 s），到站台规定位置，确认站台无异常后，手指口呼“站台无异常”，进入司机室，锁闭司机室侧门确认信号机显示“灭灯”，手指口呼“灭灯”，有道岔时手指口呼“道岔好”，确认 DMI 显示“允许发车”绿色图标长亮后手指口呼“允许发车”出站后确认 HMI 显示站名正确，待中文广播播出后确认站名内容正确手指口呼“下一站 ××，广播正确”
正线退勤	1	将电客车钥匙、800M 手持台、《运营时刻表》等行车备品等交给派班员 / 队长检查盖章，并向派班员 / 队长说明当日值乘情况，若有《安全事件报告单》的按照要求填写，同时确认下次出勤时间

第五节　调车作业

一、调车作业中对轨道列车司机的要求

（1）到达规定的股道后，确认《调车通知单》上的股道、车组号与现场相符，列车两端无警示标志，列车两边无异物侵限。

（2）严格按照电客车检查走行线路图和整备作业程序，采用目视、手动、耳听的方式，做好列车整备和试验，确保电客车调动前，技术状态良好，如发现下列电客车故障之一者，严禁利用自身动力进行调车作业并马上报告运用调度：

a. 电客车停放股道上挂接有地线时；

b. 有维修人员正在作业影响行车时；

c. 电客车两端挂有安全警示牌时；

d. 设备或障碍物侵入线路设备限界时；

e. 电客车转向架液压减震器被拆除、空气弹簧无气时；

f. 走行部下的设备箱无法锁闭时；

g. 制动系统故障时；

h. 受电弓、车间电源等高压设备故障，致使电客车无 DC1500V 电源时；

i. 有 B05 被切除时；

j. 其他影响调车作业安全时。

（3）发现电客车故障或不符合运行安全要求时，司机应立即向车辆段检修调度报告，并根据《电客车故障应急处理指南》处理，直至具备动车条件或按运用调度的指示执行。

（4）利用自身动力调动电客车计划时，司机需要询问电客车的车辆状态：B05 是否切除、制动系统状态、车辆悬挂装置的状态、检修股道的线路是否有侵限、是否需单弓运行、是否放置了铁鞋（数量及位置）等，并听取车辆段运用调度布置的相关安全注意事项。

（5）进入线路终端调车作业时，司机在进入该线路终端车挡器前 20 米时必须严格控制速度（限速 3 km/h），对标停车。列车在牵出线 / 转换轨停稳换端后，司机确认电客车停在规定的调车信号机内后告知信号楼值班员，并联系下一勾作业计划情况，得到允许动车的指示后，确认信号开放、进路道岔位置正确后方可开主控钥匙动车。

（6）电客车进出双周 / 三月检线、静调线时，在库门平交道口 / 动车前一度停车，电客车司机确认库门及线路限界情况，确认线路安全后，转“慢行模式”限速 3 km/h 运行。电客车进出检修库时，在库门前一度停车，电客车司机确认库门及线路安全后，转“慢行模式”限速 3 km/h 运行。

（7）调车作业中，司机得到信号楼值班员有关“×× 车 ×× 道待令”的通知时，严禁擅自动车。动车前必须得到信号楼值班员的“×× 车 ×× 道待令司机，可以确认信号动车”通知，司机复诵，确认信号、道岔正确后再动车。

二、调车安全口诀

（1）调车作业需谨慎，计划信号需看明，车辆状态要查清；
（2）干完一勾划一勾，手指口呼不盲行，注意限速和瞭望。

三、调车作业标准流程（见图 3-1）

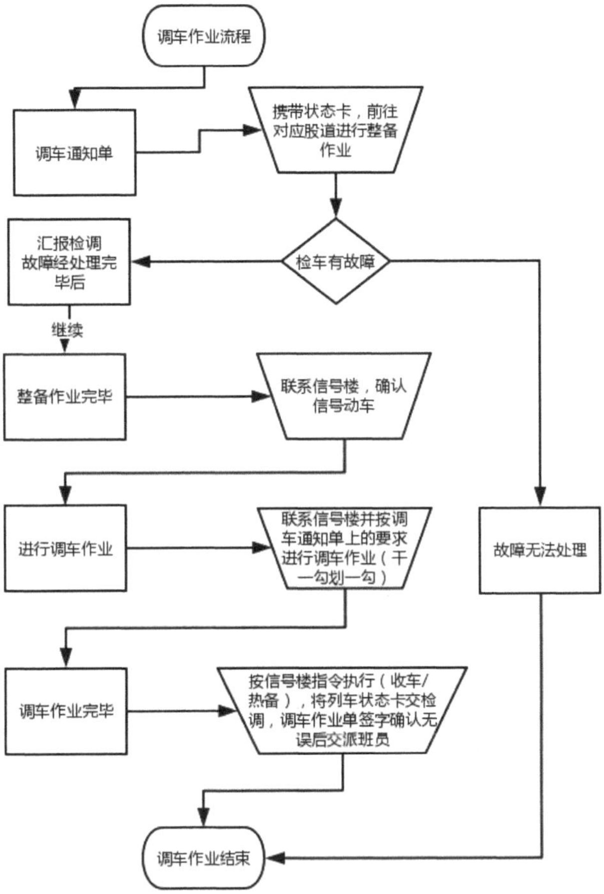

图 3-1　调车作业标准流程图

第六节　洗车作业

一、洗车作业安全基本原则

（1）洗车作业前必须确认两端司机室侧门锁好。
（2）列车在进入洗车线前，司机必须联系洗车机操作员，明确洗车方式。
（3）严格按洗车线行车标志、洗车信号机的显示和调车信号的显示行车。
（4）严禁赶点，严禁超速驾驶，洗车过程中必须采用慢行模式运行，端洗时严禁操作雨刮器。

（5）保持精力集中、不间断瞭望。严格确认线路、设备状态，发现异常立即停车，报告信号楼值班员，再次动车前必须得到信号楼值班员的同意并确认安全后方可动车。洗车过程中严禁擅自后退，严禁打开司机室侧门，严禁将身体任何部位探出车外。

二、洗车作业安全口诀

（1）洗车先看作业单，全洗侧洗要分清，听清命令看信号；

（2）入库先得打慢行，严禁后退开侧门，准确对标把车停。

三、洗车作业标准流程（见图 3-2）

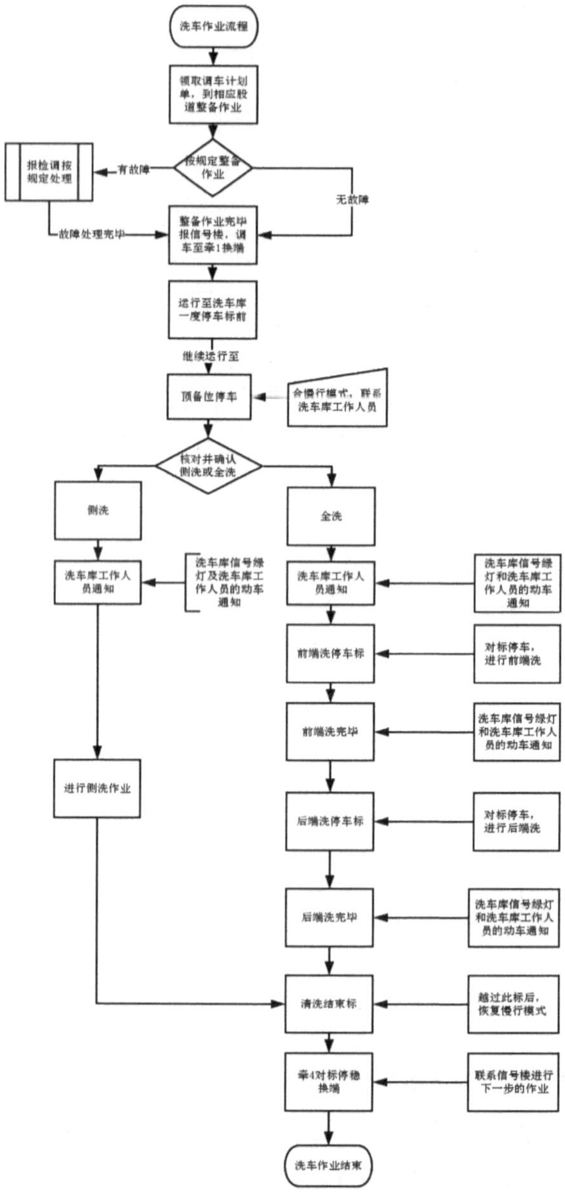

图 3-2　洗车作业标准流程图

第四章　轨道列车司机必备技能

第一节　列车故障处理

本节介绍电客车司机在驾驶列车时发生列车故障情况下的处理原则、故障判断方法，以及在进行故障处理时的注意事项和常见列车故障的详细处理流程。

通过对本节的学习，明确故障处理原则和故障判断方法，掌握科学的检验技术、合理的检查顺序，深入了解列车各类指示灯、显示屏、气压表的显示意义，以及列车各类微动开关、旁路开关的功能和操作方法，熟练掌握列车故障处理程序流程，在实际操作过程中正确地判断和处理车辆故障，以确保列车的运行安全、正点。

一、故障处理的原则

（1）城市轨道交通列车故障处理应总体按照：一查看、二汇报、三处理、四确认、五动车的顺序进行。

① 一查看：查看列车各状态指示灯有无异常显示、车辆 / 信号屏有无故障显示、继电器柜内有无空气断路器（保险开关）跳闸、气压表指示有无异常；

② 二汇报：及时将故障情况简洁明了地向行车调度、检修调度汇报；

③ 三处理：根据故障情况按照《列车故障处理指南》操作相关设备消除故障；

④ 四确认：操作完毕后确认列车故障是否消失、是否影响列车后续运行；

⑤ 五动车：根据故障处理结果和行车调度命令启动列车继续运行 / 退出服务。

（2）城市轨道交通列车发生故障时，要沉着冷静、快速地作出正确的判断和处理，尽量缩短在线故障处理时间。

（3）当出现非正常情况时，司机必须尽可能进站停车。列车故障消失可以继续运行时，必须报告行车调度员后方能动车。列车故障在规定时间内无法处理且列车无法依靠自身动力运行时，司机必须请求救援，并按规定做好列车防护和防溜。

（4）当出现非正常情况时，司机若不能判断出故障原因时，应检查两端驾驶室后面电气柜中的空气断路器是否处于正常状态。

（5）当出现无法处理的故障，故障原因不明且各空气断路器均在正常位置时，司机应尽快汇报行车调度员，请求帮助，并在指导下采取进一步措施。

二、故障处理的基本方法

（1）查找故障的基本方法。

列车故障形成的原因主要包括设备老化、欠修、维修维护不当、司机操作不当、人为损坏等。司机可根据故障表象来判断故障原因和部位。在查找故障时，为了缩小查找范围，通常可采用"观""听""辨"等方法。

①"观"。

列车在出现故障后，司机应首先通过观察驾驶室显示屏、指示灯（关门指示灯、停放制动施加指示灯、停放制动缓解指示灯、气制动指示灯、气制动缓解指示灯、高速断路器闭合指示灯、高速断路器断开指示灯）、双针压力仪表，驾驶室电气柜各开关位置。电压表显示及主控手柄的位置等，收集故障判断的最基本信息，尽可能地缩小和确定查找故障的大致范围，范围越小，故障位置越容易找出。

②"听"。

即听列车有无异响，如听蜂鸣声、电气柜内空气断路器的动作声，以及行车调度员和其他行车人员对司机进行的呼叫声等。这些声音的收集，对早期判断故障有着很重要的意义，司机一定不要忽视。

③"辨"。

在收联相关信息后，司机还应该进行分析判断，辨别现象的真伪，必要时还需通过简单的操作辨别以进一步地缩小故障的范围。

（2）故障处理的基本技巧：

① 重试法。

重试即再试一次，或换端重试。如车门无法开启，可再次按下"开门"按钮，车门会尝试再开一次。若车头驾驶室"开门"按钮失效，可激活车尾驾驶室，按下车尾驾驶室"开门"按钮，进行开门操作。

② 复位法。

通过驾驶室显示屏或仪表、指示灯显示内容，检查有关电气柜中的空气开关是否落下。若落下，进行复位处理；若未落下，可重新断合一次。

③ 切除法。

有些设备的故障会直接影响列车的驾驶性能及安全性能，该设备一旦发生故障，遵循设备故障导向安全这一设计原则，列车控制系统会采取限速运行或停止运行等手段来确保列车安全。司机必须通过故障现象准确查找故障原因，通过切除故障设备不让其工作的方法来维持列车运行，以减少故障状态下对运营的影响。如单个车门发生关闭不到位时，司机可以采取切除该车门的方法继续维持运营。

④ 旁路法。

车辆某些设备或系统发生故障时，会影响列车的驾驶功能，导致列车无法牵引或无法正常运营，此时，司机必须按故障情况严格区分故障发生的原因，也就是区分是不是监控系统本身原因发生的故障，尝试使用旁路相关监控设备的方法，维持列车运行。如监测列车空气制动是否缓解的压力传感器发生故障时，会导致全列车无法牵引的现象发生，司机必须先确定列车制动已真正缓解后，再使用旁路气制动的方法排除故障。

⑤ 重启法。

控制信号或通信信号发生误差，会造成信息显示紊乱或黑屏，严重的会影响列车某些设备的正常使用（或称为死机）。在这种情况下最好采用重新启动列车或重新启动相关设备的方法，激活故障设备，恢复列车功能。

三、故障类别和注意事项

（1）故障类别：

① 按故障产生的原因不同，故障可分为：人为性故障和自然性故障。

a. 人为性故障是由于司机违章操作、使用维护不良、人为损坏、欠修等造成的。

b. 自然性故障是由于环境条件恶化或设备老化、零部件不合格、材料缺陷及安装不合理等原因造成的。

② 按故障发生地方不同可分为：出乘前车辆故障和运营中车辆故障。

a. 出乘前车辆故障一般是由司机在列车投入运营前，进行列车整备作业过程中发现。发现故障后，立即进行处理，若故障消失，则投入运营。若故障仍然存在，立即报告车辆基地调度员。

b. 运营中车辆故障具有突发性，在发生故障后十分考验司机的心理素质及业务水平。在目前行车间隔不断减小的情况下，一旦在运营中列车发生故障，留给司机处理的时间和空间也在不断减小，这就更加考验司机的基本功和心理承受力。

c. 运营中列车故障主要包括：牵引系统故障、制动系统故障、辅助系统故障、列车信息系统故障、乘客信息系统故障、空调系统故障和门系统故障。

（2）注意事项。

列车发生了故障，正确分析和判别列车故障的原因是一项重要而细致的工作。不应在未弄清故障原因之前随意、盲目处理，这样不但不能消除故障，反而可能造成新的故障。

四、常见故障处理主要简化流程

（1）车辆系统故障：

a. 按照故障处理指南处理；

b. 紧急牵引；

c. 重启列车再次紧急牵引，请求救援。

① 车门类故障：
a. 检查车门微动开关；
b. 重新开关车门；
c. 切除车门，切除 ATC；
d. 操作相应旁路开关（强开门、网络硬线切换、门零速、门关好旁路）；
e. 重启列车；
f. 请求救援。
② 制动类故障：
a. 检查制动微动开关；
b. 切除 B05；
c. 操作相应旁路开关（紧急牵引、所有制动缓解、停放制动缓解、总风压力可用旁路）；
d. 重启列车；
e. 请求救援。
③ 牵引类故障：
a.MVB 复位；
b. 操作 DCU 微动开关；
c. 操作相应旁路开关（本弓隔离、紧急牵引、车钩监视旁路）；
d. 重启列车；
e. 请求救援。
④ 辅助系统类故障：
a.MVB 复位；
b. 操作相应微动开关；
c. 重启列车；
d. 请求救援。
（2）信号系统故障：
a. 双手柄回零；
b.ATO 切换；
c.ATC 复位；
d. 切除 ATC。
①ATO 类故障：
a. 双手柄回零；
b.ATO 切换；
c.ATC 复位。
②ATP 类故障：
a. 双手柄回零；
b.ATC 复位；

c. 切除 ATC。

③ 车门、站台门不联动：

a. 重新按压开关门按钮

b.ATO 切换；

c.ATC 复位。

④ DMI 类故障：

a.DMI 复位；

b.ATC 复位；

c. 切除 ATC。

第二节　列车救援

本节介绍了轨道列车司机在列车救援过程中的相关内容，包含了救援基本原则，救援的种类以及救援的安排和流程。

通过对本章节的学习，应清楚地认识到救援的概念，明确列车救援的原则和重要性，熟练掌握列车救援的作业流程，严格按照标准流程中的要求执行，确保救援过程中的列车设备和人身安全。

一、列车救援基本原则

（1）正线运行的列车发生故障需要进行救援时，应遵循“正向救援，尽快恢复正线运营”的原则，以确保其他正线列车运行的秩序。

（2）在遵循“正向救援”原则的前提下，不排除使用其他救援方案。由行车调度员根据当时故障列车、运行列车及辅助线情况等确定。如遇末班车或曲线、坡道特殊地形列车故障被迫停车请求救援则优先选择由前方列车牵引救援，其他情况以后方列车推进救援为主。

（3）除特殊情况外，担当救援任务的列车应当具备 ATP 功能。

（4）原则上故障列车不采用在区间进行清客、乘客疏散的方案。

（5）故障救援作业，原则上不允许组织载客列车直接担任救援列车，应当先清客，再进行救援连挂作业。

（6）禁止使用内燃机车（工程车）救援载客列车。使用内燃机车（工程车）救援空载列车时，应严格按照连挂及限速要求作业及运行。

（7）各车站、车辆基地及运行的轨道列车司机等有关人员必须执行行车调度员的命令，遵守行车组织规则相关规定，积极、认真、负责地协同配合，确保故障救援运行方案的实现。

二、救援的种类

（1）按照救援组织方案分为：在线前行列车、在线后续列车、在线邻线列车、车辆段线路或辅助线列车。

（2）按照救援运行方式分为：牵引、推进。

（3）按照救援车型不同分为：电动列车、工程车。

（4）按照是否一次完成分为：一次救援、二次救援。

（5）按照救援列车列数分为：单列车救援、双列车救援。

（6）按照列车运行方向分为：正方向、反方向。

三、救援列车的准备与运行安排

（1）前方列车发生故障 5 min 时，行调可对准备担当救援任务的载客列车发布清客命令（指在站台时）或提前通知备用车司机整备好备用车。

（2）组织救援列车以 AM 模式进入区间自动停车待令，一旦救援列车司机接到行调发布的救援命令时，救援列车司机应在自动停车后自行改用 RM 模式运行至距故障列车 15 m 处停车，听候故障列车司机的指挥连挂。

（3）故障列车在区间时，原则上不封锁区间线路，行调应在 MMI 上采取措施，防止后续列车进入该救援区间；但有下列任一情况时，须封锁区间线路：

① 使用工程车救援；

② 救援客车车载 ATP 故障；

③ 故障列车所在区间轨旁 ATP 故障；

④ 因挤岔、脱轨、线路故障等可能会影响后续列车行车安全的原因救援时。

（4）向封锁线路发出救援列车时，不办理行车闭塞手续，以行调的命令作为进入该封锁线路的许可，但救援列车司机仍需确认前方进路与道岔状况。在未接到开通封锁线路的调度命令前，救援列车以外的其他列车不得进入该线路。

（5）一旦确定救援时，由行调向司机及有关车站发布开行救援列车的命令，并向 DCC 有关人员通报救援信息。

（6）已申请救援的列车不准动车，做好与救援列车的连挂准备工作，由环调负责安排相关车站开启隧道照明。故障列车司机在连挂之前可继续排除故障，但不能启动列车，如故障排除则报告行调取消救援。

（7）救援列车与故障列车连挂后，行调根据《行车指挥应急预案》的要求组织列车在规定存车位置停放，遇特殊情况列车不能在规定存车位置停放时，原则上安排到前方适当存车位置停放，不超过一站一区间时允许安排到后方适当存车位置停放。

（8）救援列车推进故障列车运行时，司机需在救援列车前端驾驶室（运行方向）驾驶，故障列车前端驾驶室须有乘务员或列车引导员进行引导；牵引、推进运行均限速 30 km/h；任一列车载客的运行速度不应超过 25 km/h；

（9）禁止使用工程车救援载客列车；使用工程车救援空客车时，原则上救援列车限速 25 km/h。

四、救援流程（见表 4-1）

表 4-1　救援流程

步骤	故障车司机	备注	步骤	救援车司机	备注
一接令	故障处理无效，报行调申请救援，停止故障处理，向行调报告故障车停留位置，明确救援方式，确定来车方向	如故障车车载台故障，采用 800M 手持台、手机或轨旁电话联系行调	一接令	接到行调救援命令后明确救援方式、故障车停留位置及其他相关内容	救援命令内容：救援车清客地点、故障车停车位置（上下行、区间、百米标）、车次、救援方式、故障车清客地点、运行进路、救援后故障车存放地点
二准备	施加停放制动，将两端 ATC 切除开关打至“隔离”位，切除 5 节车 B05，保留联挂端 B05（列车快速漏风、大坡道除外）	a. 如故障车无 110 V 电源、无法施加停放制动、列车快速漏风、大坡道，则保留全列车气制动 b. 如故障车在站内凭救援命令清客，如故障车在区间做好乘客安抚广播，做好救援联挂准备	二清客	按行调指令在指定站清客	优先采用列车应急自动广播清客
	到达联挂端司机室后打开主控钥匙，确认停放制动施加，除联挂端 B05 外，其他 5 节车 B05 切除成功，等待救援车的到来	打开主控钥匙（列车标志灯做防护），如故障车无 110 V 电源则在联挂端司机台上设立红闪灯进行防护			
三联挂	待救援车 3 米处一度停车并鸣笛示意后，故障车司机在联挂端司机室向救援车司机显示联挂手信号，指挥联挂	a. 故障车联挂手信号显示时机：待救援车停在 3 米处，听到救援车鸣笛示意时 b. 联挂手信号：紧握两拳头高举头上，拳心向里，两拳相碰数次 c. 联挂时禁止站立	三联挂	清客完毕后，以 ATO/ATP 模式运行至推荐速度为 0 处，转 RM 模式运行至距故障车 15 米处一度停车，鸣笛，继续运行至距故障车 3 米处一度停车，再次鸣笛，将“慢行模式”打至合位，ATC 切除开关打至隔离位，确认故障车司机显示联挂手信号，鸣笛回示后进行联挂	a. 推进救援时，救援车将联挂端 ATC 切除开关打至隔离位牵引救援时，将两端 ATC 切除开关打至隔离位 b. 联挂时禁止站立驾驶 c.ATO/ATP 模式按推荐速度运行，RM 模式限速 25 km/h，慢行模式限速 3 km/h
	确认两列车联挂良好（解钩灯亮），试拉成功，切除剩余车 B05	a. 推进救援时返回引导端司机室，牵引救援时在联挂端司机室 b. 确认解钩灯亮后，故障车司机与救援车司机做好联控，联控用语：解钩灯亮，可以试拉		确认解钩灯亮，与故障车司机做好联控进行试拉，恢复“慢行模式”，合“拖动模式”	a. 试拉前鸣笛 2 次 b. 如解钩灯不亮，先试灯，若试灯正常尝试“压钩”，无效则离钩后再次联挂，如仍不亮，采用机械连挂救援 c. 救援车联挂端合“拖动模式” d. 联挂后合“拖动模式”能实现车辆自身限速 30 km/h（牵引救援时按规定人工限速），两列车 8 个紧急停车按钮有效

续表

步骤	故障车司机	备注	步骤	救援车司机	备注
	与救援车司机进行司机室对讲、停放制动试验（推进救援时故障车司机在引导端操作，牵引救援时故障车司机在联挂端操作）	a. 司机室对讲试验（通话测试） b. 停放制动试验(缓解、施加、缓解) c. 如故障车无 110 V 电源或救援车联挂端的解钩灯不亮，不必进行司机室对讲和停放制动试验（如此前故障车已施加停放制动且不能缓解时，则要下车手动缓解停放制动），用 800M 手持台或手机与救援车司机进行联系		配合故障车司机进行司机室对讲和停放制动试验	待故障车司机返回引导端后配合故障车司机进行司机室对讲、停放制动试验（牵引救援时待救援车司机返回牵引端后进行试验）
四运行	与救援车司机确认救援命令内容，凭救援命令指挥救援车司机动车，记录动车时间，动车后报行调	a. 救援命令内容：车次、救援方式、故障车清客地点、运行进路、救援后故障车存放地点 b. 动车联控用语：故障车所有防溜已撤除，绿 / 黄灯好，道岔好，进路安全，可以动车（推进救援时）	四运行	与故障车司机交接救援命令内容，听从故障车司机的指挥动车（确认缓解停放制动）	a. 推进运行时，接到故障车司机动车指令后动车，运行中加强和故障车司机联控（优先采用司机室对讲进行联控，司机室对讲故障时及时采用 800M 手持台），听从其指引 b. 牵引救援时，确认故障车所有防溜已撤除，信号显示正确，道岔位置正确，进路安全后动车
	列车到达指定站后故障车司机施加停放制动并开门、广播清客	a. 推进运行时，故障车司机在引导端司机室进行引导，负责确认进路及联系行调，不间断给予救援车司机进路、位置和速度指引，如遇紧急情况时立即拍紧急停车按钮（机械连挂时则按压停放制动按钮），通知救援车司机采取停车措施 b. 如故障车无 110 V 电源不能激活司机台，通知救援车司机施加停放制动 c. 对标停车时严格执行三、二、一车距离限速		按救援命令要求运行至指定站清客，对标停稳后确认停放制动施加，方向手柄回 0，严禁再次动车	推进、牵引救援均限速 30 km/h；任一列车载客的，运行速度不应超过 25 km/h，正线遇黄灯或引导信号时限速 25 km/h，入段时遇引导信号限速 15 km/h 推进运行过程中不间断与故障车司机做好联控，严格听从故障车司机的指挥运行，牵引运行中认真确认进路安全，遇紧急情况，及时采取紧急措施，并报告行调

续表

步骤	故障车司机	备注	步骤	救援车司机	备注
	清客完毕后故障车司机缓解停放制动，凭救援命令指挥救援车运行至指定地点存放	a. 指挥救援车司机动车联控用语为：防溜已撤除，绿 / 黄灯好，道岔好，进路安全，可以动车（推进救援时） b. 如故障车存放位置为车辆段时，由引导端司机（牵引救援时由救援车司机）提前联系信号楼确认停放股道，禁止在出入段线停车联系，防止在大坡道停车引起的二次救援		清客完毕后听从故障车司机指挥继续运行至指定地点存放	对标停车时严格执行三、二、一车距离限速
五解钩	到达指定地点后停稳后施加停放制动，恢复就近端 B05（风压大于 480 kPa），通知救援车司机解钩（牵引救援时由故障车司机进行解钩）	a. 如故障车无 110 V 电源或无法施加停放制动或列车快速漏风，则恢复全列车气制动 b. 联控用语为：故障车已做好防溜，可以解钩 c. 如按压解钩按钮无法解钩，通知救援车司机“压钩”，再次按压解钩按钮，仍无效手动解钩	五解钩	到达指定地点停稳后，确认停放制动施加，根据故障车司机指示解钩	a. 推进救援时由救援车司机负责解钩；牵引救援时由故障车司机负责解钩 b. 联控用语为：故障车已做好防溜，可以解钩，救援车司机收到 c. 如按压解钩按钮无法解钩，尝试“压钩”，再次按压解钩按钮，仍无效手动解钩
	确认离钩完毕，恢复所有车 B05 报告行调 / 运调，按其指示执行	如故障车的主风缸压力已低于 480 kPa，报行调 / 运调，按其指示执行		解钩成功，进行离钩（约 30 cm）报告行调 / 运调，按其指示执行	报告行调：故障车已推进 / 牵引至指定位置停稳，已解钩完毕
注：1. 联挂后，故障车主风管压力 ≥ 600 kPa，且风压持续上升，可以进行救援，此时故障车可以对救援车实行紧急制动，救援车可以对故障车实行施加和缓解停放制动。 2. 联挂后，故障车主风管压力 < 600 kPa，且风压下降，须将故障车联挂端和救援车联挂端 W01 阀和无名阀打至与风管垂直位，切除全列车 B05，手动缓解停放制动（手动缓解前确认故障车停放制动已施加），此时故障车不能对救援车实行紧急制动，救援车不能对故障车实行施加和缓解停放制动。			注：1. 联挂后降弓：① 确认故障列车无紧急停车按钮被按下；② 司机进行机械连挂。 2. 联挂后打拖动模式降弓：① 确认故障列车无紧急停车按钮被按下；② 尝试重新升弓，若无效，则将救援车联挂端拖动模式打到分位后重新升弓，保持拖动模式开关在分位实施救援；③ 如无效，则解钩，重新升弓进行机械连挂。 3. 救援车司机与故障车司机中断联控 15 s 及以上时，双方均应采取紧急停车措施。		

第三节　非正常情况下行车组织

本节介绍轨道列车司机在非正常情况下行车组织的相关内容，包含了客车故障的处理、列车反方向运行、列车推进运行、列车退行、列车越站以及恶劣天气情况下的行车组织。

通过对本章节的学习，掌握各类非正常情况下行车组织的关键点，掌握客车故障处理的“3、5、7”原则、列车反方向运行应具备的条件和停站时分、列车退行时司机与行调联控的重点、列车推进运行时引导员的卡控重点、列车越站时的关键车次以及恶劣天气情况下的相关限速要求，在实际运用中严格执行，避免衍生事故的发生。

一、客车故障的处理

（1）客车在隧道内停车超过 2 min 时，行调应口头通知环调，由环调组织隧道送风。

（2）客车故障情况下行车组织由 OCC 负责，故障的判断、报告和处理由司机负责。

① 行调应及时将司机报告的故障信息通报给检调。

② 司机离开驾驶室处理故障前须报告行调并携带 800M 手持台。

（3）司机对客车故障的初步处理，原则上为 3 min，司机确认无法处理或 3 min 后还无法动车时，可向 DCC 报告故障信息并提出技术支援要求，DCC 给出必要的技术支持。

（4）正线客车的故障处理总时间原则上控制在 7 min 内。列车在区间故障 5 min 仍无法动车，司机尝试使用“紧急牵引模式”动车（动车前报行调）。在站台区域发生故障 5 min 时（单个车门或司机已报告可排除的故障除外），行调可通知故障列车司机和车站清客，车站值班站长接到列车清客命令时应立即赶往现场进行互控，清客完毕后，由车站值班站长协助确认车门、站台门已关好，司机尝试使用“紧急牵引模式”动车（动车前报行调）。列车使用“紧急牵引模式”后仍无法动车时，值班主任有权中断故障处理并启动救援方案。

（5）正线需要车辆段备用车出段时，由行调向运用调度通报，并由运用调度向车辆段客车队长（指导司机）、信号楼值班员及检调通报。

（6）故障列车需要疏散乘客时，行调发出口头指示要求司机和有关车站值班站长（值班员）执行乘客疏散及救援工作。司机除引导乘客下车外，还必须做好客车的防护及协助救援工作。

二、列车反向运行

（1）在具有反向 ATP 的轨道区段的客车反向运行：

① 列车反向运行前必须得到行调的命令；

② 凡在具有反向 ATP 保护的轨道区段，客车反向运行驾驶模式为 CM，行车凭证为列车收到的速度码；

③ 客车须反向运行时，列车根据车载允许速度以 CM 模式运行。遇 ATP 轨旁设备故障时，行调通知司机改用 RM 模式运行。

（2）在反向 ATP 故障或未投入使用的情况下，除降级运营时组织单线双方向运行或开行救援列车外，载客列车原则上不组织反方向运行。

（3）组织载客客车反方向运行时，行调须通知车站人员协助司机操作 PSL 开 / 关站台门，停站时分由司机按以下规定掌握停站时间：中间站 30 s；站后折返时，上下行线各 60 s；站前折返时 180 s。

（4）工程列车须在明确行车计划和进路排列好的情况下方可反向运行。

三、列车退行

（1）列车因故在区间停车需要退行回车站时，司机必须报告行调。

（2）行调在确认退行列车停车位置至需退行车站站线及其后方区间没有列车占用，并在后方站设置扣车后，或者后方区间虽已有列车进入但已命令停车且停车位置到前方站台仍有足够安全防护距离时，必须将退行路径上的有关道岔锁定（进路锁定或单独锁定）后，方可同意列车退行。

（3）如退行列车已全部出清站台区，原则上行调通知司机换端后改用 RM 模式退行；如退行列车仍有部分车厢停在站台区，行调可通知车站后指令司机改用 NRM 模式不换端退行。

（4）退行列车到达车站后，司机报告行调并按其指令处理。

四、客车推进运行

（1）客车推进运行，必须得到行调的命令。推进运行时，必须有乘务员或列车引导人员在客车前端驾驶室引导，无人引导时，禁止推进运行。

（2）当难以辨认信号时，禁止列车推进运行。

（3）单列车的推进运行限速 10 km/h（设备限速）；重联客车推进运行时，司机须在后列车前端驾驶室（运行方向）驾驶，前列车前端驾驶室须有乘务员或列车引导人员进行引导，运行限速 30 km/h。

（4）遇重联客车司机室间无法进行内部通话时，前后司机可使用 800M 手持台保持行车联系。

（5）在 30‰及以上的下坡道推进运行时，注意列车的运行安全，禁止在该坡道上停车作业（被迫停车除外）。

五、客车越站

（1）原则上不能连续安排同方向两列客车在同一车站越站，需执行小交路的列车除外。

（2）末班车或乘客无返乘条件的列车不得通过；始发站不准两列及以上客车连续放空。

（3）行调在 MMI 上执行“跳停”命令组织客车不停站通过或指令司机以手动驾驶模式不停站通过。

六、恶劣天气情况下的行车

（1）能见度低影响瞭望时，应开启列车近光灯，采用人工驾驶模式，并根据能见度控制列车运行速度。

① 客车限速要求：能见度小于 30 m 时，限速 10 km/h；能见度在 30~50 m 之间时，限速 25 km/h；能见度在 50~100 m 时，限速 45 km/h；能见度小于 200 m 时，限速 60 km/h；瞭望距离不足 5 m 时，司机应立即停车。

② 若运行中发现列车“空转滑行”，手动驾驶模式则降低运行速度（ATO 模式则保持驾驶模式不变），并报告行调。降低运行速度，并报告行调。

（2）发现线路上有水淹、下沉等情况时。

① 危及行车安全的情况，应紧急停车，并及时报告行调。

② 运营中发现隧道线路积水时，司机应立即报行调，预计影响正常运营时，行调要及时发布限速命令，司机按规定速度运行。

③ 当积水面水已超过路轨基座或轨枕的高度但未超过轨面时，允许列车限速 35 km/h 通过积水段。

④ 当积水面超过轨面时，原则上列车不准通过积水段，须待专业技术人员确认现场可通行后，组织列车限速 15 km/h 通过积水段，司机须加强积水段轨道监视，发现异常及时采取停车措施并报告行调。

（3）暴雪、冰雹、结冰、霜冻情况下。

① 加强瞭望，根据实际情况控制列车运行速度；

② 注意监视列车运行状态，发现有“空转滑行”，手动驾驶模式则降低运行速度（ATO 模式则保持驾驶模式不变），并报告行调；

③ 发现危及行车安全的情况，紧急停车，及时报告行调。

第四节　列车应急处置

本节介绍电客车司机在基本突发应急事件处理的相关内容，内容包含应急处理原则以及乘客报警、车门解锁、列车冲突、列车脱轨、列车挤岔、火灾爆炸、毒气袭击、人质劫持以及车门 / 站台门夹人夹物的应急处理流程。

通过对本节的学习，掌握突发应急事件的处理原则、各类应急处理的作业流程，把握各类应急情况下的关键点，灵活运用，确保列车设备和乘客人身安全。

一、突发事件指引原则

进站、开门、广播、清客。

（1）适用范围。

适用于列车火灾、列车爆炸、列车危险化学品泄漏毒气袭击、列车劫持人质、列车乘客骚乱等突发公共应急事件。

（2）释义。

① 进站：主要指不管遇到何种突发事件，司机维持列车进站处理，只有列车进站处理，乘客才能在司机和车站人员帮助下安全妥当处理，进站救人是应对所有列车突发事件应急处理的首要原则；

② 开门：是指凡列车停在站台时（含列车完全停准、部分进站、对标不准等）遇到突发事件，第一时间按照规定打开车门或单个解锁车门；

③ 广播：指遇突发事件，司机广播（含人工和语音）对安抚乘客、指示乘客自救等有重要作用。打开车门进行清客或疏散时，必须进行广播安抚乘客；

④ 清客（或疏散）：遇列车火灾、列车爆炸、列车危险化学品泄漏毒气袭击、列车劫持人质等突发公共应急事件，危及乘客安全时，司机应该第一时间决定进行清客或疏散。

（3）关键卡控点。

“进站、开门、广播、清客”八字诀顺序不能颠倒，环环相扣，如遇区间列车火灾、爆炸等造成列车不能进站，需由人工打开车门，并做好乘客安抚广播执行隧道清客或疏散程序。

二、乘客报警的处理

1. 列车在区间运行中，乘客按压紧急通话按钮

（1）司机向报警乘客了解报警原因，并做好乘客安抚；

（2）立即报告行调，并维持列车进站；

（3）车进站停车后，立即打开门 / 站台门；

（4）车站处理完毕，确认站台“好了”信号关门，报行调凭信号显示动车；

（5）如司机向报警乘客了解报警原因或通过闭路电视监控系统触摸屏确认为车门夹人夹物时，司机立即拉停列车，做好临时停车广播，报行调，前往现场处理。处理完毕后，报行调凭信号显示动车。

2. 保持车门 / 站台门开启

（1）报告行调，并做好临时停车广播；

（2）确认车站处理完毕，确认站台“好了”信号关门，报行调凭信号显示动车。

（3）列车在站台启动后，乘客按压紧急通话按钮：

① 立即人工介入，拉停列车，司机向报警乘客了解报警原因；

② 停车位置距停车标小于或等于 1 m 且有开门使能信号时，按“站台”处理，否则按“区间”处理。

三、客车车门紧急解锁应急处理程序

1. 处理原则

列车在车站未动车或动车后紧急制动，停车位置距停车标小于或等于 1 m 且有开门使能信号时，按“站台”处理，否则按“区间”处理。

2. **处理程序**

（1）“站台”车门紧急解锁处理程序（见图 4-1）

① 发现车门紧急解锁后，报告行调，做好临时停车广播，立即打开车门、站台门；

根据 HMI 及闭路电视监控系统触摸屏确认车门位置（相应车门图标为感叹号），在车门识别卡上标记。

② 在得到行调的同意后，带好行车备品（钥匙、800M 手持台、手电筒）由客室前往相应车厢处理（原则上司机需由车厢前往故障车门处，特殊情况需经行调同意后，方可选择通过疏散平台前往故障门处），到达解锁车门处后。a. 询问该车门处周边乘客情况，且司机在车上探头用手电筒查看列车前后方目测范围内是否有乘客掉入隧道，确认无乘客掉入隧道后恢复解锁车门并切除车门，返回司机室报行调按指令动车。b. 确认有乘客掉入隧道，报行调下车将乘客带上列车，如无效，报行调，行调安排就近车站人员进入区间强行将该乘客带出轨行区。c. 确认有乘客掉入隧道，但司机无法找到时，立即报行调执行。

③ 处理完毕报行调。

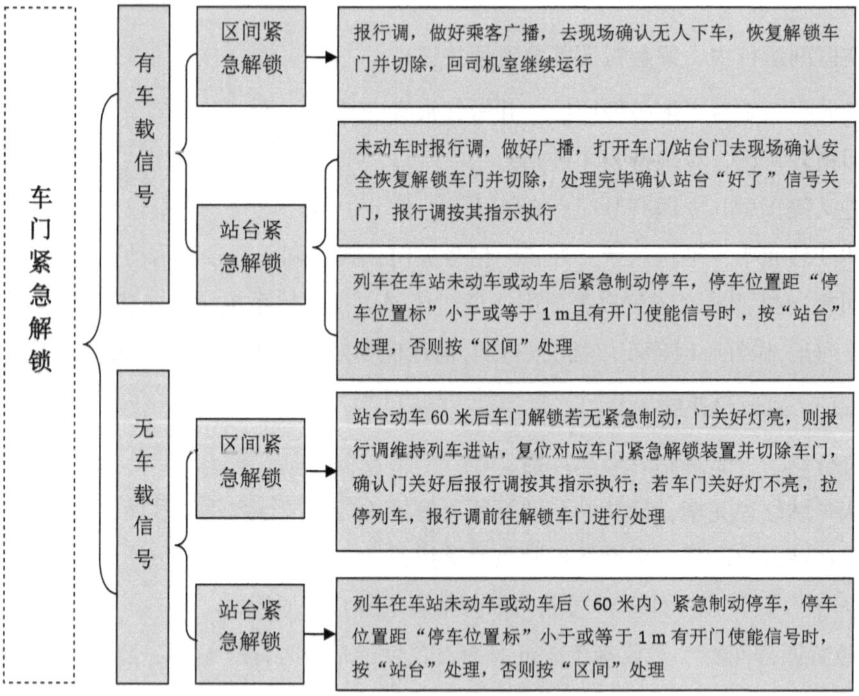

图 4-1　车门紧急解锁程序

3. **注意事项**

（1）确认无人员进入区间，列车紧急解锁处理完，列车动车前鸣笛，限速 25 km/h 运行 200 m 后恢复正常速度。行调通知本趟列车后续的本线及邻线通过的第一趟列车，进入该上下行区间时限速 45 km/h，司机通过此区段鸣笛并加强瞭望。行调通知全线司机，后续经过此上下行区间时，加强瞭望。

（2）无法确认人员是否进入区间，列车紧急解锁处理完列车动车前鸣笛，限速 5 km/h 运行 200 m 后恢复正常速度。行调通知本趟列车后续的本线及邻线通过的第一趟列车，进入该上下行区间时，限速 25 km/h，司机通过此区段鸣笛并加强瞭望。行调通知全线司机，后续经过此上下行区间时，加强瞭望。

（3）确认人员已进入区间，司机立即将信息通报行调，并下车在事发点就近检查，将车下乘客带上列车，在确定所有下车乘客均带上列车后，恢复紧急解锁装置切除车门，并要求乘客在下一站下车协助车站处理调查，然后返回司机室动车。限速 25 km/h 运行 200 m 后恢复正常速度。行调通知本趟列车后续的本线及邻线通过的第一趟列车，进入该上下行区间时限速 45 km/h。司机通过此区段鸣笛并加强瞭望。行调通知全线司机，后续经过此上下行区间时，加强瞭望。

（4）发现有乘客掉入隧道但未找到时，按如下流程处理：

① 行调接报后，立即通知该区间两端站各安排两名车站人员，在该上下行区间两端墙处值守；

② 司机限速 5 km/h 运行，发现乘客后停车，将乘客带回列车后限速 15 km/h 运行至前方站；行调通知本线及邻线第一趟司机限速 15 km/h 运行至车站；第二趟列车鸣笛、限速 25 km/h，未发现乘客则恢复正常运行。

③ 司机要求下区间乘客在到站后协助车站处理调查。

四、区间紧急疏散处理程序（见图 4-2）

1. 处理程序

（1）列车迫停区间发生危及乘客安全须紧急疏散乘客时，司机做好列车防护后立即切除 ATC 打开疏散平台侧的车门，并同时将情况告知行调，报告电客车的具体位置、车上乘客的大约数量及伤亡情况，明确疏散方向。

（2）降弓，施加停放制动，确认疏散平台侧车门开启后，人工广播通知乘客按顺序从疏散平台离开电客车前往就近站。

（3）待车站人员到达后配合车站进行疏散。

（4）与车站人员共同确认所有乘客已经离开电客车，关闭车门，确认无侵限，列车恢复正常状态。

（5）报告行调，确认列车可以继续运行则报告行调，按行调指令执行。

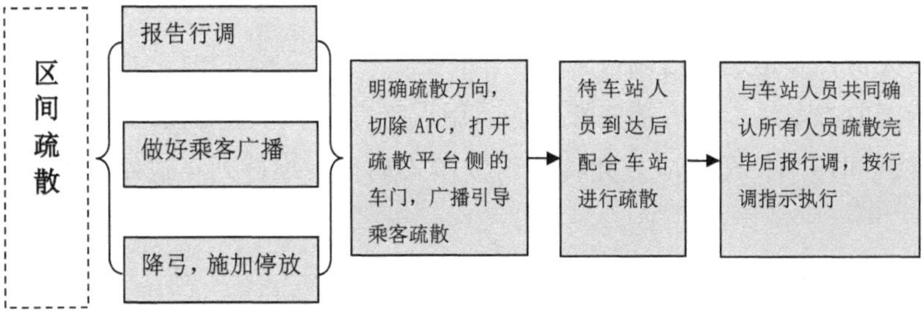

图 4-2　区间紧急疏散处理程序

五、火灾的处理

1. 火灾应急处理原则

（1）贯彻“救人第一，救人与救火同步进行”的原则，积极施救；

（2）把握起火初期5分钟内的关键时间，做好两项工作：一是尽快利用灭火器材扑救；二是同时报警；

（3）做好个人防护。及时穿戴防毒面具等防护用品；

汇报原则：火灾发生后，现场责任人立即报告行调和车站。报告内容主要包括列车车次、火灾位置、火势、乘客人数等火灾现场情况。同时，报告语言必须精炼、明确。

2. 列车火灾的处理

列车火灾处理程序如图4-3所示。

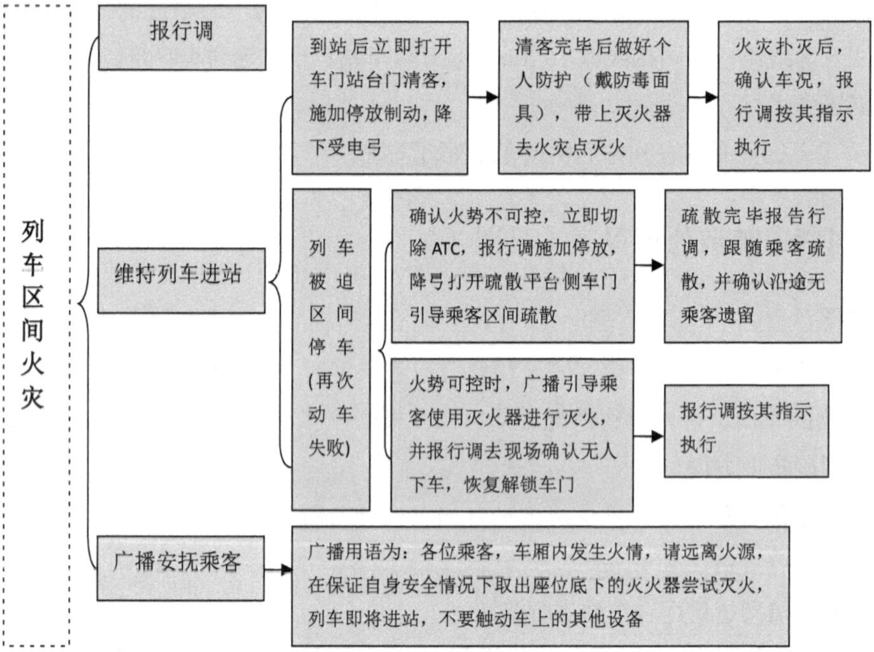

图4-3　列车火灾处理程序

（1）列车在区间运行中发生火灾时，司机应：

① 认真判明火情，并迅速向行调报告；

② 维持运行至前方车站，并广播安抚乘客，用人工广播引导乘客使用车上灭火器进行灭火；

③ 若列车在区间停车，司机应立即转换驾驶模式动车，维持列车进站。若不能动车，按列车迫停区间处理。

（2）列车到达车站或在车站发生火灾时，司机应：

① 立即打开车门（站台门），降下受电弓并施加停放制动。

② 广播通知乘客疏散。

③ 报告行调现场情况。

④ 车门、站台门正常打开后，司机做好个人防护带上灭火器，前往客室着火处确认火灾情况，协助车站灭火。若按压开门按钮无法打开车门、站台门时，通知车站协助并广播引导乘客紧急解锁打开车门、站台门，并且进入车内协助引导乘客打开车门。

⑤ 加强与行调或应急处理负责人联系，并按其指示执行。

（3）列车在区间发生火灾被迫停车后，司机应：

① 迅速判明火情，立即报告行调。

② 降下受电弓，施加停放制动。

③ 广播安抚乘客，引导其使用灭火器自救，同时经行调同意后，广播通知乘客从疏散平台疏散（如：火灾发生在头部时，采取尾端疏散；发生在尾部时，采取首端疏散；发生在中部时，采取首尾两端同时疏散。在迅速实施疏散后，要及时确认、判明疏散情况，若还有乘客未能疏散时，在确保安全的前提下帮助其疏散）。

④ 做好个人防护，带上灭火器前往客室灭火。

⑤ 司机与车站人员共同确认列车上乘客疏散完毕后，跟随乘客疏散，沿途确认无乘客遗留。

（4）列车发生火灾，列车部分进入站台被迫停车的处理：

① 报告行调，立即解锁进入站台内的车门、站台门，若车门未能对好站台门时，打开相应的站台门应急门疏散；

② 降下受电弓、施加停放制动，广播通知乘客疏散；

③ 司机做好个人防护带上灭火器，前往客室着火处确认火灾情况，协助车站灭火；

④ 加强与行调或应急处理负责人联系，并按其指示执行。

（5）车站火灾的处理：

① 站厅发生火灾时，司机在接到列车运行前方车站发生火灾的通知后，如在车站则立即按行调指示扣车接运被困乘客或迅速动车离站（注意确认进路、信号、道岔正确），并做好乘客广播；如在区间则立即将“开关门模式”开关置于手动位置，按行调指示不停站通过（如行调设置了跳停则司机监控好列车跳停，否则，司机转 ATP 或 RM 模式不停站通过，并做好乘客广播）或停车接运被困乘客（如行调未明确则需要询问清楚）。

② 进站时发现车站火灾，应立即将“开关门模式”开关置于手动位置，立即报行调，确认不需要接运乘客情况下，确认进路、道岔正确后不停车以 ATP/RM 模式通过火灾车站；如果行调指示需要接送乘客则立即广播告知乘客不能下车，对标停车后立即开门上客，确认上客完毕后立即关门动车。

③ 站台发生火灾时，司机在接到列车运行前方车站发生火灾的通知后，如在车站则立即按行调指示扣车，并做好乘客广播；如在区间则立即将“开关门模式”开关置于手动位置，按行调指示不停车通过该车站（如行调设置了跳停则司机监控好列车跳停，否则司机转 ATP 或 RM 模式不停站通过，并做好乘客广播）；

④ 若行调要求扣车，将“开关门模式”开关置于手动位置并对标停车做广播安抚乘客，等待行调的命令，按其命令执行。

站台站厅火灾处理程序如图 4-4 所示。

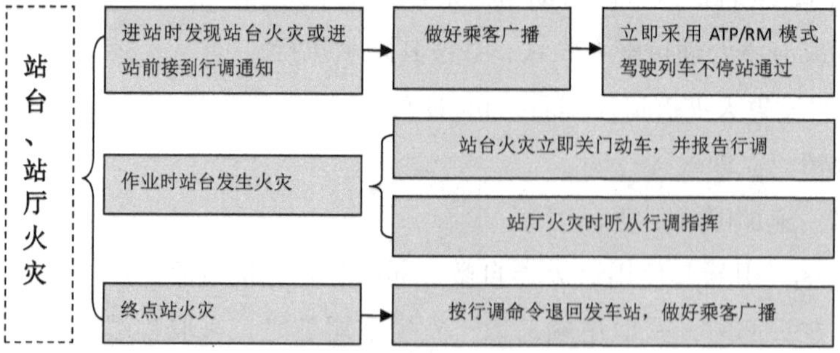

图 4-4　站台站厅火灾处理程序

（6）隧道火灾时，司机应立即报告行调，并试图在列车到达火源之前紧急停车，如果不行，则应快速通过火灾地点运行到前方站停车。隧道火灾处理程序如图 4-5 所示。

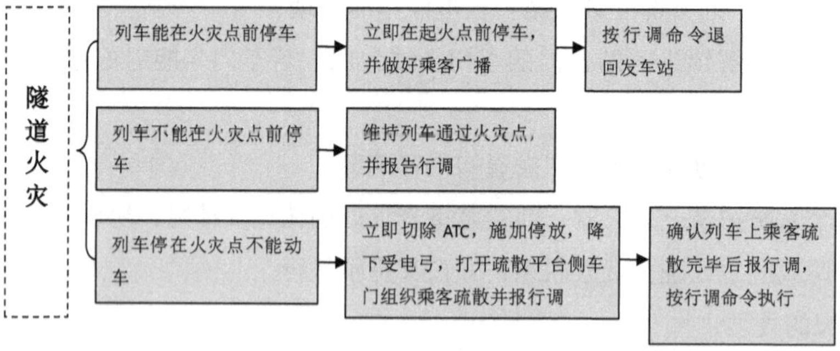

图 4-5　隧道火灾处理程序

六、列车爆炸的应急处理流程（见图 4-6）

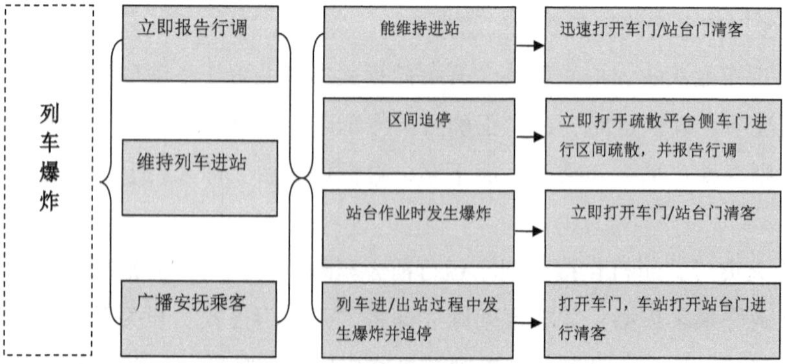

图 4-6　列车爆炸应急处理流程

七、隧道积水处置流程

1. 处理程序

（1）立即采取停车措施。

（2）报告行调积水位置、积水情况、积水是否有上升趋势、是否具备条件通过。

（3）当隧道积水已漫过路轨基座或轨枕高度，但尚未漫过轨面，司机按照行调指示限速 35 km/h 通过积水区段。

（4）当隧道积水超过轨面，且积水呈快速上涨趋势，可能危及人身安全时，① 积水在列车后方，立即运行至下一站报行调；② 积水在列车前方，司机不换端切除 ATC，限速 10 km/h 持续鸣笛退行，并将闭路电视监控系统视频调至后端司机室进行监控，列车退行至小站台区域时限速 5 km/h，站台停稳后报行调。

（5）若列车迫停区间无法动车时，现场危及乘客安全时立即降弓，施加停放制动，操作强开门或者切除 ATC，打开疏散平台侧车门，组织乘客紧急疏散，报行调请求车站、公安现场紧急支援（原则上司机组织乘客往逆水方向进行疏散）。

八、列车冲突、脱轨的应急处理流程

1. 列车冲突处理程序（见图 4-7）

（1）立即施加紧急制动。

（2）报告行调（车辆段内报告运用调度）。

（3）确认有无人员伤亡。

（4）确认事故现场是否影响其他邻线，做好线路及列车的防护。

（5）保护现场，坚守岗位。

（6）当应急处理负责人到来时，听从其指挥。

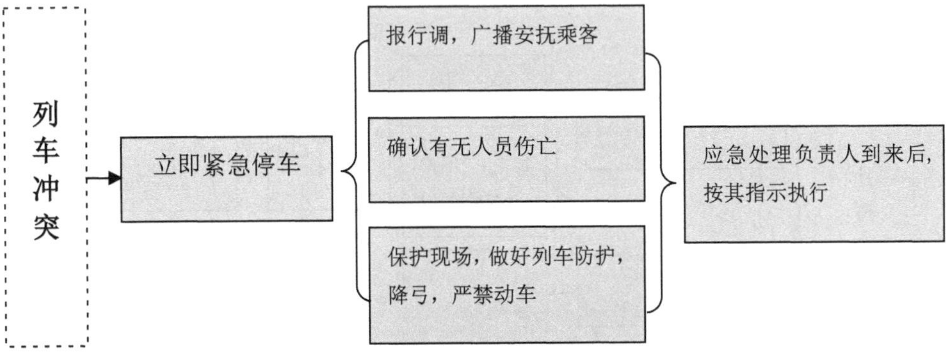

图 4-7　列车冲突处理程序

九、列车发生挤岔的应急处理

列车发生挤岔处理程序如图 4-8 所示。

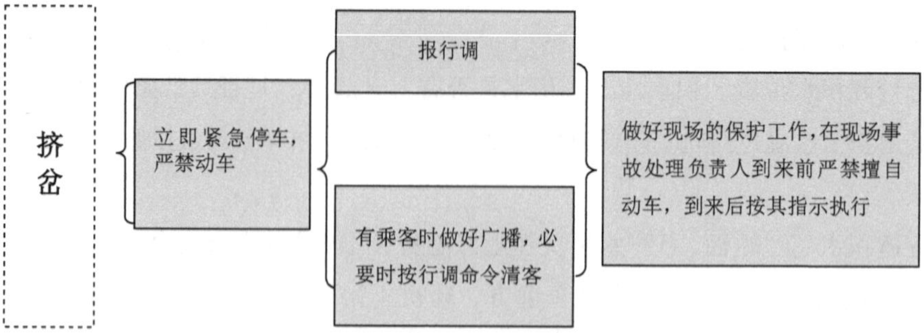

图 4-8　列车发生挤岔应急处理程序

十、列车发生毒气袭击的应急处理

列车发生毒气袭击应急处理流程如图 4-9 所示。

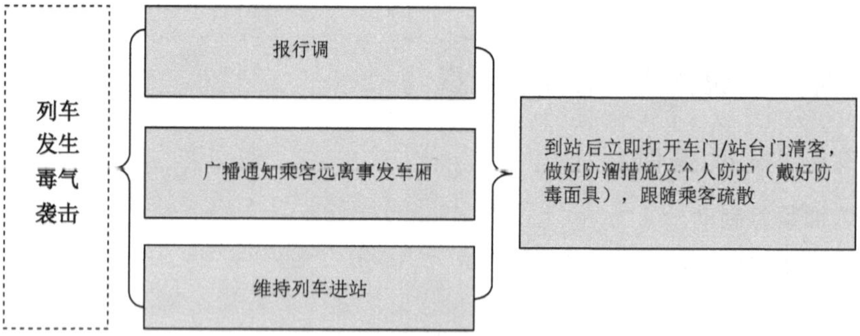

图 4-9　列车发生毒气袭击应急处理流程

十一、列车发生劫持人质的应急处理

列车发生劫持人质应急处理流程如图 4-10 所示。

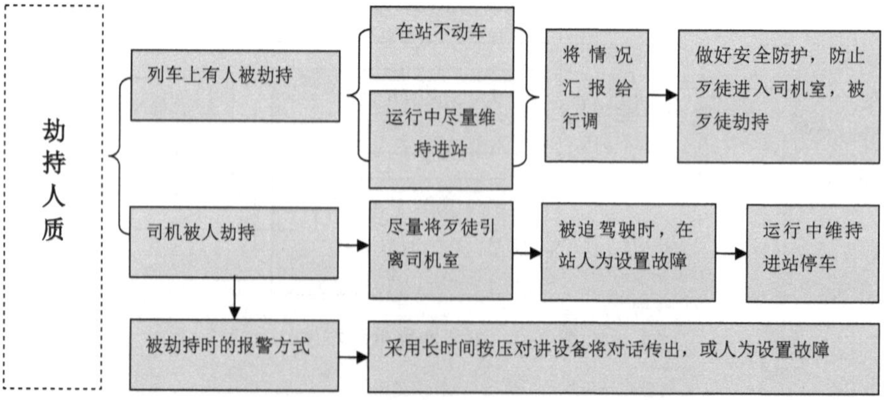

图 4-10　列车发生劫持人质应急处理流程

十二、夹人夹物的应急处理

夹人夹物应急处理程序如图 4-11 所示。

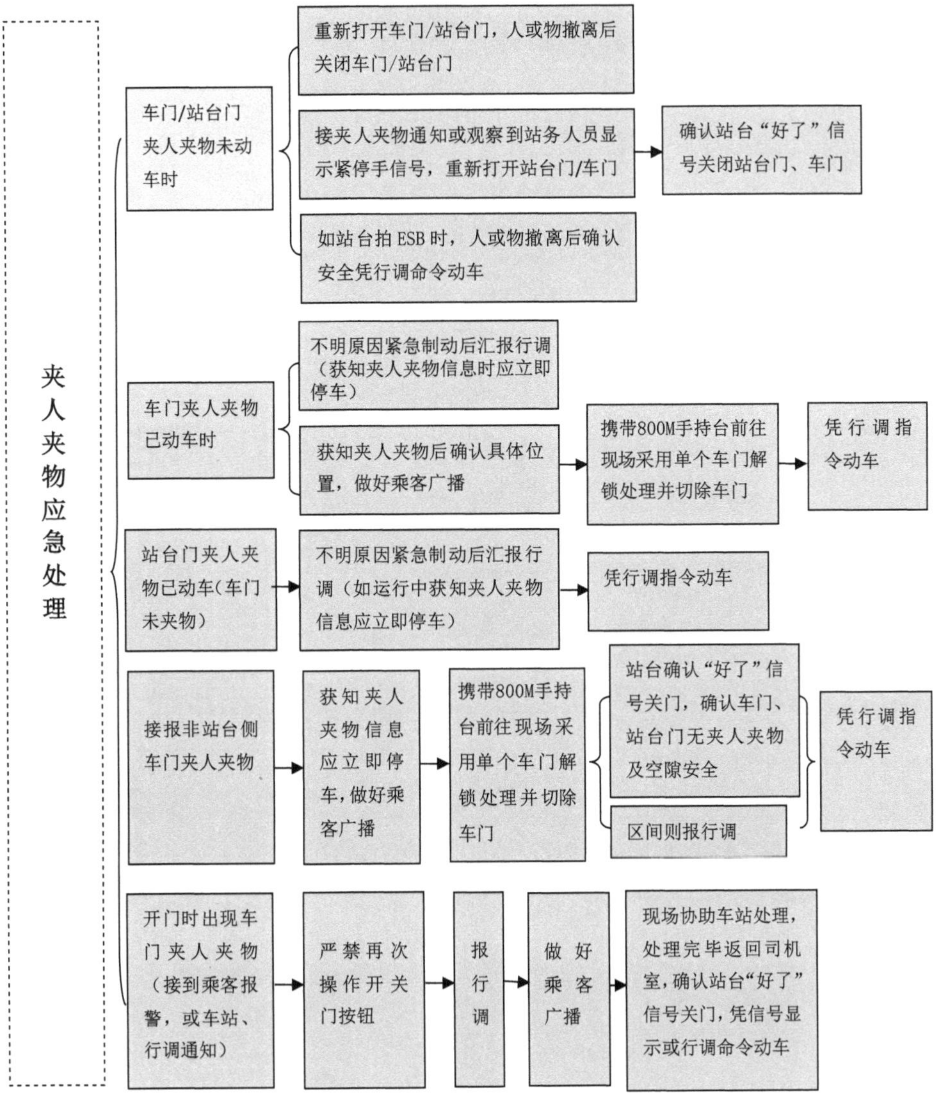

图 4-11　夹人夹物应急处理程序